INSTAGRAM
PARA NEGÓCIOS

JÚLIA MUNHOZ

INSTAGRAM

PARA NEGÓCIOS

Aprenda a vender todos os dias,
transformando seguidores em clientes.

DVS EDITORA

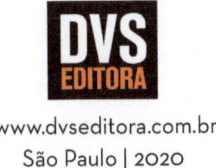

www.dvseditora.com.br
São Paulo | 2020

INSTAGRAM PARA NEGÓCIOS

DVS Editora Ltda. 2020 - Todos os direitos para a língua portuguesa reservados pela Editora.

Nenhuma parte deste livro poderá ser reproduzida, armazenada em sistema de recuperação, ou transmitida por qualquer meio, seja na forma eletrônica, mecânica, fotocopiada, gravada ou qualquer outra, sem a autorização por escrito dos autores e da Editora.

Design de capa, projeto gráfico e composição de miolo: *Renata Vidal*

Revisão: *Fábio Fujita*

```
      Dados Internacionais de Catalogação na Publicação (CIP)
             (Câmara Brasileira do Livro, SP, Brasil)

   Munhoz, Júlia
       Instagram para negócios : aprenda a vender todos
   os dias transformando seguidores em clientes / Júlia
   Munhoz. -- São Paulo : DVS Editora, 2020.

       ISBN 978-85-8289-235-0

       1. Empreendedorismo 2. Estratégia 3. Instagram
   (Firma) 4. Marketing digital 5. Negócios 6. Redes
   sociais I. Título.

19-31854                                        CDD-658.8

                 Índices para catálogo sistemático:

       1. Instagram : Estratégia de negócios : Marketing
          digital : Administração 658.8

       Maria Paula C. Riyuzo - Bibliotecária - CRB-8/7639
```

Nota: Muito cuidado e técnica foram empregados na edição deste livro. No entanto, não estamos livres de pequenos erros de digitação, problemas na impressão ou de uma dúvida conceitual. Para qualquer uma dessas hipóteses solicitamos a comunicação ao nosso serviço de atendimento através do e-mail: atendimento@dvseditora.com.br. Só assim poderemos ajudar a esclarecer suas dúvidas.

AGRADECIMENTOS

ANTES de tudo, gostaria de agradecer pela oportunidade de transmitir a minha mensagem por meio deste livro. Espero, sinceramente, que ele o ajude em sua jornada e no desenvolvimento do seu negócio. Obrigada, Deus!

Devo dizer que um dos meus principais valores é a busca pelo desenvolvimento. Desenvolvimento que não se resume ao lado profissional, mas também ao espiritual e ao pessoal. Esse é o meu tripé.

Com a realização desta obra, durante cada palavra escrita, senti o meu coração alinhado ao meu propósito e à minha missão.

Eu realmente acredito no poder transformador do marketing e do Instagram. Quando fazemos crescer nossos negócios, melhoramos não só as nossas vidas e de nossos familiares, como também toda a economia do país.

Este livro foi feito para você com toda a minha entrega e dedicação. Devo dizer ainda que tive pessoas incríveis ao longo dessa jornada, às quais devo meus sinceros agradecimentos.

Sem dúvida, posso afirmar que eu não teria chegado até aqui se não fosse pelo apoio da minha mãe desde o início. Ela sempre me acompanhou e apoiou em minhas maiores loucuras. Uma verdadeira cúmplice. Foi a minha primeira seguidora no Instagram e até hoje é a minha maior propagadora. Jamais entramos em um Uber juntas sem que ela faça o meu marketing. Seu papel é fundamental na minha vida e na minha empresa. Nada disso teria acontecido sem seu apoio, carinho e dedicação. E, claro, puxões de orelha. À minha mãe, minha eterna e mais pura gratidão.

Ao meu esposo, Philipe, que mantém a minha paz e me traz equilíbrio. Acompanhou-me em quase todas as fases da minha vida e me ensina todos os dias a ser uma pessoa melhor. A você, meu verdadeiro amor.

Ao meu pai, à minha irmã Flávia, a meus avós Neida e Dércio, a meus sogros Robertson e Raquel e a todos os meus mentores que estiveram comigo em todas as etapas do processo. Não apenas nas horas de alegria e sucesso, mas, principalmente, nos momentos de decisões, de escolhas, de falhas, de erros, de aprendizados. A vocês, minha eterna gratidão.

Não posso deixar de fora o agradecimento a meus alunos. É gratificante assistir ao desenvolvimento, à evolução e a todo o impacto que vocês vêm causando no mundo de forma positiva! Parabéns e obrigada.

E, é claro, a cada seguidor que faz parte da minha audiência e a você que acabou de comprar e vai ler este livro agora, meu muito obrigada!

Um forte abraço,

Júlia Munhoz

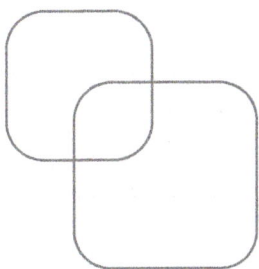

SUMÁRIO

9	Introdução
15	Como fazer negócios e ganhar dinheiro usando o Instagram
21	Mindset do empreendedor
31	Os cinco passos que irão transformar o seu Instagram em uma máquina de vendas
35	Instagram e marketing caminham juntos
43	Construa audiência com os seguidores certos para o seu negócio
57	Os segredos na hora de configurar a sua conta no Instagram
67	Conteúdo é poder!
77	Distribuição de conteúdo
85	Consistência é a chave
89	Engajamento no Instagram: como ter uma audiência que interage?
97	Como conquistar mais seguidores no Instagram
107	Os sete grandes erros que você deve evitar no seu Instagram para Negócios
113	Nove aplicativos e ferramentas úteis
117	Sua jornada apenas começou: "Faça dar certo até dar certo"

INTRODUÇÃO

FOI em 2012 que o jogo mudou para mim: quando comecei a minha jornada usando o Instagram para Negócios. Mal sabia eu onde estava me metendo.

Lembro-me muito bem da sensação de não conhecer a plataforma e de não entender suas funcionalidades. Devo confessar que aquilo me irritava. Desinstalei o aplicativo mais de três vezes por não saber usar.

Mas eu estava decidida a aprender e a entrar nesse novo universo, diferente de tudo que existia na época. Criei o meu primeiro perfil de maquiagem no Instagram. Dediquei-me diariamente a experimentar e a testar a plataforma, sempre de olho no que o meu público-alvo estava procurando. No primeiro ano, já havia conquistado uma comunidade com mais de 100 mil pessoas. Hoje, somos mais de 8 milhões de pessoas apenas nesse perfil.

Minha jornada só havia começado. Muitas empresas passaram a me procurar para fazer negócios comigo no Instagram e, assim conquistei minha liberdade financeira antes mesmo dos 20 anos.

O resultado que eu tinha no Instagram me fascinava. E eu queria explorar e crescer cada vez mais. Dediquei anos testando a plataforma, criando estratégias e métodos. Muitas vezes, eles resultavam em erros que me custavam muito tempo e dinheiro, mas devo dizer que aprendi muito com eles.

Quando dominei o meu primeiro perfil, resolvi criar outro para validar todas as minhas estratégias e, em menos de um ano, já havia conquistado mais de 2 milhões de seguidores no meu perfil de penteados. E assim fui fazendo. Criei vários perfis, conquistei grandes audiências em todos; alguns deles passei para frente, vendendo-os para outras empresas!

Mas não deixei parar por aí. Eu sabia que o meu conhecimento poderia contribuir no resultado de mais empresas. Então comecei ajudando os meus clientes e empresas parceiras a melhorarem os seus próprios perfis. Dei muita consultoria a fim de orientá-los a alcançar resultados mais produtivos.

Mas foi em um dia específico, em um dos treinamentos que estava fazendo para aprender mais sobre o mundo digital e estratégia de negócios, que uma chama incendiou o meu coração. Ainda me lembro da sensação daquele dia. Eu só conseguia chorar e agradecer.

O organizador do evento, Leandro, um empresário por quem tenho uma grande admiração e gratidão, me apresentou ao palestrante do dia durante o intervalo de um exercício. Ele me apresentou mais ou menos da seguinte maneira: "Esta mulher tem mais de 10 milhões de seguidores no Instagram!". O palestrante me fez uma única pergunta em inglês que dizia algo do tipo: topa subir no palco? Apenas isso. E lá fui eu. Subi, toda tímida e sem saber o que estava por vir. Não sabia o que ele iria me perguntar ou o que eu deveria dizer. Só fiquei encarando os 600 rostos que ocupavam a mesma sala que eu.

Ele fez um simples pedido: você poderia compartilhar a sua história e o seu negócio? E comecei a falar um pouco da minha jornada no Instagram, no mundo digital, e como eu fazia negócios a partir disso.

Assim que desci do palco, fui cercada por pessoas ávidas em saber mais. Algumas queriam conhecer os meus perfis, outras queriam entender como atingi aqueles números, e outras me procuravam por orientação. Dei algumas dicas para algumas pessoas e compartilhei um pouco do meu conhecimento.

Mas me lembro de que, no dia seguinte, na hora do almoço do treinamento, uma mulher muito emocionada veio me procurar e disse que o objetivo dela naquele dia era conversar comigo. Isso me deixou um tanto atordoada. Sentei-me com ela e escutei tudo o que ela tinha a dizer. Dei algumas orientações que foram recebidas com muita gratidão.

Naquela mesma tarde, algumas pessoas que eu havia ajudado no dia anterior vieram me agradecer, falando que as dicas e orientações mudaram a direção de seus negócios.

Não me senti aliviada com as palavras, senti um peso. Passei a tarde refletindo sobre como era guardar um conhecimento capaz de ajudar mais pessoas, mais negócios, mais famílias e até mesmo a economia do país. Era essa a dimensão.

Quando ajudamos uma pessoa, seja o produto ou o serviço que for, estamos movendo uma energia poderosa. Estamos tirando uma pessoa de um estado indesejado e levando-a para outro, de transformação, para o estado desejado. Empreender é transformar.

Eu nunca havia pensado em compartilhar todo o meu conhecimento até aquele dia. Eu guardava os detalhes, os métodos, as estratégias principais comigo, a partir do pensamento de que ninguém pode ter acesso a toda a receita do bolo. Não queria que me copiassem. Pensamento egoísta.

Mas aquela venda caiu dos meus olhos e eu só sabia chorar quando cheguei em casa. Chorar e agradecer. Entendi naquele momento exatamente o que eu deveria fazer, ainda sem saber como, mas isso não importava. Desde então, dedico-me 100% a entregar o meu melhor, levando todo o meu conhecimento sobre Instagram e marketing digital. Procuro a cada dia me capacitar e me desenvolver cada vez mais. Esse é o sentido que encontrei para minha vida.

Sou eternamente grata a tudo que aconteceu naquele final de semana. Senti que tudo aquilo fora programado para acontecer na minha vida, que tudo fora calculado. E se eu não tivesse me levantado do exercício para agradecer ao organizador?

Enfim, empreender para mim significa transformar vidas. É isso que incendeia o meu coração, que me faz escrever cada linha, que me faz gravar cada vídeo de conteúdo, que me faz me sentir completa e que me dá ânimo todos os dias na hora de levantar da cama.

Eu me encontrei no empreendedorismo. E, nesta obra, você conhecerá mais sobre o meu mundo de Instagram e marketing digital para alavancar o seu negócio.

O primeiro passo que será apresentado aqui diz respeito às maneiras possíveis para conquistar dinheiro e fazer negócios pelo Instagram.

Em seguida, você terá acesso à mentalidade do empreendedor. É de extrema importância estar bem alinhado mentalmente com o seu objetivo para enfrentar todas as adversidades da jornada do empreendedor. É muito comum termos alguns medos durante esse processo, como o da exposição e o do julgamento, por exemplo, mas você poderá conhecer novas ferramentas para lidar com aquilo que o está impedindo.

Com a mentalidade preparada, irei lhe apresentar os cinco passos para transformar o seu Instagram e trazer muitos resultados. Você irá conhecer mais sobre eles, em capítulos específicos e detalhados. Esses são os mesmo passos que eu aplico nas minhas contas do Instagram.

Após conhecer mais sobre Instagram e marketing digital, atração das pessoas certas para o seu negócio, configuração da sua conta de maneira assertiva e segura, produção de conteúdo, engajamento e estratégias de crescimento, trarei os erros mais comuns que pessoas e empresas cometem ao usar o Instagram para Negócios. Esses erros o tiram do jogo e acabam com os seus resultados.

Por fim, apresento a você dez ferramentas e aplicativos que irão contribuir e facilitar nessa jornada de Instagram para Negócios.

Tudo o que está exposto nesta obra foi feito com muito cuidado e com conhecimentos que adquiri ao longo da minha experiência, iniciada em 2012, e que transformaram o meu negócio e a minha vida!

O conhecimento por si só não trará resultados no seu Instagram ou no seu negócio. Você deverá agir e pôr tudo em prática!

Desejo a você uma excelente leitura!

1
COMO FAZER NEGÓCIOS E GANHAR DINHEIRO USANDO O INSTAGRAM

LUCRAR com o Instagram, é possível? Essa é uma pergunta que me aparece com muita frequência e adianto que não há uma fórmula mágica ou uma solução milagrosa para atingir tal resultado.

Ao usar o Instagram para criar o seu negócio ou potencializá-lo, exigem-se muita mão na massa e geração de valor, o que falaremos bastante ao longo desta obra.

Mas a minha resposta para essa pergunta é sempre a mesma: onde há pessoas, há oportunidades de negócios.

Com o consistente crescimento do Instagram, cada vez mais usuários se fazem presentes diariamente no aplicativo, o que o torna cada vez mais poderoso para se fazer marketing e atingir bons resultados em negócios.

Diariamente, a atenção das pessoas está sendo direcionada ao Instagram, até mesmo em situações não pertinentes. Você vê esse cenário em diversos contextos do cotidiano: dentro das salas de aula, no trabalho, em palestras, restaurantes, festas e, até mesmo, no trânsito.

E onde está direcionada a atenção das pessoas, você também deve se fazer presente e deixar a sua marca e o seu valor.

Existem alguns caminhos que você pode seguir para fazer negócios e ganhar dinheiro no Instagram e que serão detalhados nas próximas linhas:

- Venda de produtos e serviços;
- Venda de publicidade;
- Como infoprodutor;
- Mercado de afiliados;
- Gerenciamento de contas.

Venda de produtos e serviços

Usar o Instagram para vender produtos ou serviços é a forma mais clássica, uma excelente maneira de aumentar a lucratividade do seu negócio.

Aliás, não apenas de aumentar a lucratividade, mas também de conquistar novos clientes, expandir a sua marca comercial ou pessoal, ganhar mais visibilidade e se tornar uma referência no mercado.

O seu Instagram é a sua vitrine. Mas essa vitrine não tem nada a ver com o que você vê nos corredores de um shopping. Não é apenas para expor os seus produtos ou serviços, e sim para revelar a sua produção de conteúdo, o seu posicionamento, as transformações, os benefícios e soluções que o seu produto ou serviço levam aos seus clientes.

Isso fará toda diferença na venda do seu produto ou serviço no Instagram. Mas não se preocupe agora com esses termos: ao longo da sua leitura, você verá com detalhes a melhor maneira de vender o seu produto ou serviço usando o Instagram.

Venda de publicidade

Você já ouviu o termo influenciador digital?

Influenciador digital é aquela pessoa que construiu uma audiência on-line e detém sobre ela uma grande influência, impactando o comportamento e decisões de usuários que o acompanham.

Os influenciadores digitais ganham dinheiro no Instagram promovendo marcas e produtos por meio da venda de publicidade.

Ou seja, são pagos para fazer postagens e *stories* de determinadas empresas e, a partir disso, constroem o seu negócio com venda de publicidade.

Mas não é só isso, também trabalham recebendo produtos de marcas, fazendo presenças vip em eventos de empresas, vendendo fotos e também dando palestras.

O Instagram, sendo um dos maiores canais de comunicação e relacionamento, é perfeito para os influenciadores digitais que produzem conteúdo e criam relacionamento com a sua audiência.

Para se tornar um influenciador digital no Instagram, fazer negócios e ganhar dinheiro, exigem-se tempo e criação.

Não basta criar uma conta e se intitular influenciador digital. Esse não é só um termo, mas um estado. Conquistar uma audiência e influenciar pessoas vai muito além de um *feed* bonito e do número de seguidores.

Infoprodutor

Você sabia que é possível ser remunerado por compartilhar o seu conhecimento e a sua especialidade?

Esse foi o caminho que escolhi para construir o meu negócio e, ao mesmo tempo, cumprir o meu propósito. Tornei-me uma infoprodutora.

Neste caso, como um infoprodutor com produto próprio, você não é remunerado pelas horas de trabalho, e sim pelo valor e pela transformação que você gera.

O infoprodutor reúne o seu conhecimento de dominância e a sua expertise em um produto. Esse produto pode ser digital e deve ser recheado de conteúdos e informações de valor que gerem transformações e ajudem outras pessoas.

São diversas as formas de você monetizar com o seu conhecimento na área de infoprodutor.

No meu caso, por exemplo, tenho o meu livro físico e digital, tenho uma *checklist* feita em pdf e videoaulas, tenho o meu treinamento principal, o Método X, que funciona dentro de uma plataforma de alunos com as videoaulas do curso e também as consultorias e mentorias on-line.

Enfim, você pode empacotar o seu conteúdo e levar a sua transformação por meio de textos, áudios, vídeos ou com um simples e-mail.

São diversas as vantagens que o acompanham ao se tornar um infoprodutor: você trabalha com o que quer, com quem quer, em qualquer lugar e a qualquer hora. O seu resultado também só depende de você, e não é preciso ter uma grande equipe para se obter resultados.

Então, para você que segue ou quer seguir esse caminho, o Instagram é uma ferramenta incrível para captar novos clientes, expor o seu conhecimento, levar mais informações úteis para as pessoas, construir uma audiência, mostrar o seu produto digital e fazer uma boa promoção do seu negócio.

Mercado de afiliados

Afiliado é aquele que faz uma indicação de produto ou serviço de outra pessoa e é remunerado quando a venda acontece.

Fazemos naturalmente indicações no nosso dia a dia. Indicações de filmes, de restaurantes, de viagens, de profissionais, de produtos etc., e não somos remunerados por isso.

No marketing de afiliados, entretanto, você recebe comissão pelas indicações que faz e que acabam convertidas em vendas.

Vou dar um exemplo prático: somente os meus alunos do Método X, meu curso completo de Instagram para Negócios com estratégias de marketing digital e vendas, podem se tornar afiliados do meu produto. Então, se Aline é minha aluna e minha afiliada e conhece Pedro, que precisa de instruções sobre Instagram e marketing digital, Aline pode fazer a indicação do meu curso e, caso Pedro efetive a compra, ela recebe automaticamente uma comissão sobre a venda.

É uma relação de parceria, de ganha-ganha, que pode ser potencializada por meio do Instagram.

Ao construir a sua autoridade, conquistar uma audiência e criar relacionamento com os seus seguidores no Instagram, você constrói também uma influência muito poderosa. Afinal, suas indicações ganham mais força e, assim, você pode aproveitar o marketing de afiliados para fazer disso um grande negócio.

Gerenciamento de contas no Instagram

Gerenciar contas no Instagram é um trabalho de muita responsabilidade. Afinal, significa cuidar de parte do marketing e relacionamento de uma empresa, e isso deve ser feito com toda atenção e cuidado possíveis.

Devo dizer que esse é um mercado que considero bastante promissor e que ainda tem muito a desenvolver.

Vejo uma série de empresas procurando pessoas capacitadas para cuidar de seus perfis, mas sempre acabando em frustração.

Em contrapartida, aos que estão fazendo um bom trabalho no Instagram e aplicando as técnicas de marketing, há um mercado enorme a ser explorado, em função da alta demanda e, ao mesmo tempo, da escassez de profissionais.

Essa é uma das formas de fazer negócios no Instagram e ganhar dinheiro usando a plataforma.

Eu nunca me esqueço do áudio que recebi de uma aluna do Método X, que havia entrado no curso para se capacitar. Ela cuidava de um Instagram de comidas naturais. No áudio, essa minha aluna me contava com muita alegria que, após concluir o curso, passou a gerenciar mais duas contas de grandes empresas no Instagram e que as indicações não paravam. Ela estava frequentemente recebendo novas propostas e conseguiu aumentar muito o seu faturamento nesse negócio.

Portanto, essa é uma outra forma de ganhar dinheiro usando o Instagram para Negócios. Mas lembre-se de que, para isso, você deve se desenvolver e estar sempre se atualizando em relação ao Instagram e ao marketing. É um trabalho de bastante responsabilidade e que impacta os resultados de uma empresa.

Cuidado!

Eu lhe contei algumas maneiras de ganhar dinheiro com o Instagram e fazer negócios usando a plataforma a seu favor.

✘ MAS NÃO CAIA NO ERRO DE ENTRAR NO INSTAGRAM E FAZER VENDAS SEM SIGNIFICADO.

Ou seja, se você está pensando em entrar no Instagram apenas para vender, você não terá resultados positivos.

Fazer a venda ou ganhar dinheiro é consequência de um trabalho bem-feito.

Entre no Instagram com a mentalidade de conquistar mais audiência e clientes. Isso só ocorre quando você gera conteúdo de valor e educa os seus seguidores em relação ao seu produto ou serviço.

Neste caso, em vez de você correr atrás de clientes e ter que efetivar vendas com eles, eles que irão atrás de você querendo comprar o seu produto ou serviço.

Esse é o principal segredo. Falaremos com detalhes sobre isso mais à frente.

2
MINDSET DO EMPREENDEDOR

MINDSET pode ser traduzido por mentalidade ou programação mental. Mas por que estou falando disso agora e por que isso é importante?

O sucesso não é acidental e não vem da noite para o dia. Construir um negócio on-line ou usar a internet para alavancar um negócio já existente exige, além de muito empenho e mão na massa, paixão, paciência, consistência e superação.

Esses são elementos que farão toda a diferença no crescimento do seu negócio e lhe permitirão se manter a longo prazo. Antes de explorarmos então o Instagram e o marketing digital, precisamos fortalecer esses pontos.

Essa estrutura será a base do seu sucesso.

Paixão

Existem muitas pessoas que têm bons empregos e ganham muito dinheiro, mas não são felizes, não gostam do que fazem. Esse cenário não é nada incomum, conheço várias pessoas assim. O que não conheço é uma pessoa que trabalhe com o que gosta ou que tenha paixão no seu negócio e não esteja curtindo essa jornada.

Mas é claro que a vida de um empreendedor não é nada fácil. São muitos desafios que devem ser enfrentados ao longo do caminho.

⭐ COSTUMO DIZER QUE A PAIXÃO É A SUA GASOLINA RESERVA QUANDO O SEU TANQUE DE ENERGIA COMEÇA A ESVAZIAR E A FALHAR.

Essa paixão é determinante para ultrapassar as dificuldades em momentos de instabilidade do mercado, quando não estamos tão motivados ou nos sentimos cansados. Quando a positividade parece estar esgotada.

Quem nunca se sentiu assim em seu negócio?

Esses dias e sentimentos são normais na vida de um empreendedor, e você precisará buscar energia para superá-los. Se há paixão em seu negócio, você terá muito mais estímulo e forças para persistir.

Paciência

Vivemos em um mundo pouco paciente. Um mundo em que as pessoas querem resultados imediatos e se irritam quando não os obtêm da forma desejada. Querem navegar na internet, mas se aborrecem se o site demora mais do que cinco segundos para carregar.

Querem perder todo o peso que deixaram acumular durante o ano inteiro em apenas uma semana, frustram-se ao não conseguir e desistem de continuar.

Esquecem a importância de hábitos e disciplinas que, repetidos diariamente, produzem efeitos a longo prazo.

Ao longo dos meus anos de experiência com o mundo do empreendedorismo, por meio das minhas consultorias e dos meus alunos, deparei-me com perfis diferentes de pessoas e pude acompanhar de perto os diferentes resultados.

Existe o perfil impaciente, que quer conquistar milhares de seguidores engajados do dia para a noite, por exemplo, mas que não se preocupa com processo a ser seguido. Não enxerga a visão do todo. Claramente não tem a mentalidade necessária para conquistar bons resultados em seu negócio utilizando a internet e o Instagram.

A velocidade é um fator muito importante, mas nunca será mais importante do que a direção. Pior do que ir na direção errada é ir na direção errada com entusiasmo.

Em contrapartida, existe o perfil que tem mais paciência, ou que busca desenvolvê-la, tendendo a ser mais metódico. Cumpre o passo a passo necessário para ter resultados utilizando o Instagram e a internet e faz o que deve ser feito. São pessoas com mais autorresponsabilidade e que identificam os erros com uma visão positiva em relação a eles.

Essa mentalidade está mais alinhada com o *mindset* do empreendedor. Ao se deparar com uma dificuldade, tira-se um aprendizado equivalente.

Normalmente, essas pessoas e empresas pesquisam mais sobre seu negócio, escutam mais os seus clientes, a sua audiência. Compreendem que esse é um jogo de longo prazo.

Afinal, usar a internet e o Instagram para o seu negócio faz parte de uma maratona e não de um sprint.

A paciência, então, será essencial para você colher bons resultados no seu negócio. Você vai ter que dizer mais não do que sim nesse processo se quiser ganhar esse jogo a longo prazo.

Nem sempre as coisas estarão caminhando na velocidade desejada, e você vai precisar lidar com isso.

Isso não significa que você não precisa trabalhar a velocidade do seu negócio. Pelo contrário. Você sempre vai precisar estar em execução. Constantemente terá que tomar decisões e fazer escolhas e não poderá demorar para se decidir.

Um empreendedor de sucesso está na maior parte do tempo executando. Fazendo acontecer. Então não tenha medo de cometer erros, não tenha medo dos julgamentos. Aprenda com os seus erros e derrotas e você estará sempre ganhando.

Consistência

Consistência para mim é a chave do segredo. Traduz-se como resistência e firmeza.

Na vida, você não tem resultados se não for consistente. Não atinge um corpo saudável se não cuidar da sua alimentação todos os dias. Não atinge resultados na academia se se limitar a um ou outro treino. Você não atinge um relacionamento duradouro se não se cuidar e não tiver uma atenção diária.

Em se tratando de Instagram para Negócios e marketing digital, não é diferente. É impossível colher resultados sem consistência.

Sem consistência na produção de conteúdo, por exemplo, o seu Instagram não cresce.

Sem consistência no relacionamento com os seus seguidores, o seu Instagram não cresce.

Sem consistência na publicação de postagens, o seu Instagram não cresce.

E por aí vai. Consegue ver que, ao entrar nesse jogo, você tem que entrar por inteiro? Só assim para ser bem-sucedido no seu negócio.

Então o comprometimento e a resistência no seu projeto o levarão a outro nível de resultados.

Mas não se preocupe sobre as coisas que mencionei acima. Ao longo dos capítulos, vou ajudá-lo a ser consistente em todos esses passos, para que você alavanque o seu negócio usando o Instagram.

Você conhecerá o método que tornará esse processo mais simples.

Superação

Você já deve ter ouvido aquela famosa frase "todo mundo quer mudança, mas ninguém quer mudar".

De fato, não há como alcançar melhores e diferentes resultados se o processo estiver sendo o mesmo.

Mas também acredito que não é apenas por comodismo que as pessoas não atingem mudanças e resultados. Por trás de todo o ser humano há uma história diferente, medos e traumas que acabam paralisando.

Por isso costumo dizer: trabalhe seus medos, trabalhe suas dificuldades e trabalhe suas atitudes. Porque é impossível você se tornar bem-sucedido em um negócio se não se desafiar todos os dias. Se não sair da zona de conforto. Se não enfrentar os seus pesadelos.

Quando você quer construir a sua autoridade no Instagram e na internet, conquistar mais clientes, tornar-se uma referência em sua área de mercado, você precisa se superar a cada dia que passa, ou será engolido.

Comentários comuns, como:

- Não tenho dinheiro;
- Não tenho tempo;
- Tenho que trabalhar e cuidar da casa;
- Tenho três filhos para cuidar;
- Não tenho o equipamento necessário;
- Ninguém vai me assistir;
- Não tenho habilidades para isso;
- Não tenho o que falar;
- Não consigo fazer postagens todos os dias;

são, na verdade, desculpas disfarçadas. A maioria das pessoas bem-sucedidas não começou milionária nem possuía todo o tempo livre. Pelo contrário, muitas estavam quebradas, tinham filhos para criar e trabalhavam em tempo integral.

O que quero lhe mostrar é que, por trás de cada frase, há na verdade um medo que o impede. Descubra qual é a real razão que o está paralisando e trabalhe em cima dela.

Digo isso porque, ao longo desses anos, me deparei com alguns medos e síndromes comuns de alunos e empresas que orientei. Vou falar um pouco de cada um deles. Assim, se você se identificar com qualquer um deles, terá novas ferramentas para superá-los.

Medo da exposição e do julgamento

Não tenho dúvidas de que esse seja o medo mais comum de todos. As pessoas temem se expor porque não querem ser julgadas. Mais ainda, têm medo de ser julgadas por pessoas que significam para elas.

Sei muito bem como é sentir isso. Por mais que eu tenha me libertado dessa preocupação e não me importe com o que as pessoas pensam, algumas vezes ainda me pego imaginando o que poderiam pensar de mim. Especialmente quando se trata de família ou amigos, pessoas importantes na minha vida.

O que você precisa fazer é ouvir primeiramente a própria voz. Ouvir o seu desejo e segui-lo. Ou então estará vivendo a vida pela metade. Estará vivendo a sua vida com base na dos outros. E isso não é nem um pouco legal.

Estamos falando sobre você, sobre o seu negócio, sobre o seu sonho, sobre a sua história. Você não pode deixar que os fantasmas do julgamento o assombrem, seja você o seu próprio juiz e comande a sua vida.

Nunca é tarde demais para mudar esse jogo, o melhor momento é agora.

Não tenha medo de errar nem de falhar porque isso irá acontecer. Não acontecerá uma ou duas vezes, acontecerá com frequência. O erro faz parte do processo de aprendizagem. Você pode trabalhar para evitá-lo, mas ainda assim ele irá acontecer em algum momento. É assim com todo mundo, com todo negócio.

Comunique-se com as pessoas que são importantes para você e peça apoio. Apoio durante todo o processo, não apenas nos momentos gloriosos. Faça tudo o que tiver que ser feito, depositando todo o desejo e garra no seu projeto, e não fique amarrado a opiniões alheias.

Construa o seu sucesso. Ninguém com resultados extraordinários deixou de correr riscos. Trabalhe duro no seu projeto e, assim, surpreenderá as pessoas e a si próprio.

Medo de parecer fútil

Nunca vou me esquecer de um aluno que possuía esse medo. Ele era hipnoterapeuta, ajudava pessoas a resolverem traumas, vícios, fobias, sentimentos como ansiedade, incapacidade, entre outros, tudo por meio da hipnose.

O trabalho dele era fantástico, transformador. Você via a diferença no olhar das pessoas que passavam pela sessão com ele.

Apesar de tudo isso, ele carregava um sentimento que o impedia de gravar *stories* (*stories* são uma ferramenta incrível para você fazer crescer sua autoridade e criar relacionamento com os seus seguidores) no Instagram. Ele tinha medo de parecer fútil.

Ora, se você possui um produto ou serviço, deve entender que transforma vidas. Quando algum cliente o procura, ele está em um estado indesejado (estado A) e quer chegar a uma mudança (estado B). A ponte para essa transformação é o seu produto ou serviço.

O seu trabalho, portanto, tem muito mais valor ao mundo do que você imagina. Um dia sem fazê-lo crescer, sem expor sua mensagem às pessoas, sem educar os consumidores quanto ao seu negócio, você deixa de levar mais ferramentas capazes de transformar mais vidas.

Então, compartilhar a sua história ou o seu conhecimento, produzir conteúdo em relação ao seu negócio, comunicar-se e relacionar-se com a sua audiência está longe de ser algo fútil.

Esse é um medo sobre o qual você, como empreendedor e transformador de vidas, não precisa se preocupar.

Faça seus vídeos com tranquilidade, grave os seus *stories*, compartilhe suas dicas e informações. Basta internalizar e acreditar na importância que você e o seu negócio têm.

Não importa o que você vende. Se alguém tem o interesse, saiba que você é a ponte para levar a transformação para aquela pessoa.

Somos solucionares de problemas. Tiramos as dores de uma pessoa ou a levamos ao prazer com os nossos produtos ou serviços. Assim, criamos uma corrente do bem com os nossos negócios e impactamos o mundo de uma forma melhor.

Conclusão

Ofereci neste capítulo um direcionamento para que você tenha a mentalidade adequada nessa jornada do empreendedorismo. Expus os elementos essenciais e os medos mais comuns com que me deparei ao assistir meus alunos e, agora, você tem novas ferramentas para lidar com eles.

Hoje você tem a chance de escolher ter a mentalidade adequada nessa jornada do seu negócio e na sua vida de empreendedor.

Basta você alimentá-la. Por isso, gostaria de concluir este capítulo com a famosa fábula dos dois lobos, um provérbio chinês de que eu nunca me esqueço:

> **A FÁBULA DOS DOIS LOBOS**
> *(dos índios cherokee)*
>
> *Certo dia, um jovem índio cherokee chegou perto de seu avô para pedir um conselho. Momentos antes, um de seus amigos havia cometido uma injustiça contra o jovem e, tomado pela raiva, o índio resolveu buscar os sábios conselhos daquele ancião.*
>
> *O velho índio olhou fundo nos olhos do neto e disse:*
>
> *"Eu também, meu neto, às vezes, sinto grande ódio daqueles que cometem injustiças sem sentir qualquer arrependimento pelo que fizeram. Mas o ódio corrói quem o sente e nunca fere o inimigo. É como tomar veneno, desejando que o inimigo morra".*
>
> *O jovem continuou olhando, surpreso, e o avô continuou:*
>
> *"Várias vezes lutei contra esses sentimentos. É como se existissem dois lobos dentro de mim. Um deles é bom e não faz mal. Ele vive em harmonia com todos ao seu redor e não se ofende. Ele só luta quando é preciso fazê-lo, e de maneira reta.*
>
> *Mas o outro lobo... Este é cheio de raiva. A coisa mais insignificante é capaz de provocar nele um terrível acesso de raiva. Ele briga com todos, o tempo todo, sem nenhum motivo. Sua raiva e ódio são muito grandes, e por isso ele não mede as consequências de seus atos. É uma*

> *raiva inútil, pois sua raiva não irá mudar nada. Às vezes, é difícil conviver com esses dois lobos dentro de mim, pois ambos tentam dominar meu espírito".*
>
> *O garoto olhou intensamente nos olhos de seu avô e perguntou: "E qual deles vence?".*
>
> *Ao que o avô sorriu e respondeu baixinho: "Aquele que eu alimento".*

Trazendo essa fábula para o nosso contexto, eu lhe digo: você tem dois lobos dentro de você.

O lobo da insegurança, dos medos, do comodismo, da procrastinação, da impaciência, da inconsistência e da frustração.

E também o lobo da paixão, do sucesso, da execução, da dedicação, do empenho, da superação, da alegria, da felicidade, da força e da agilidade.

Qual deles você vai alimentar?

Uma coisa eu lhe garanto: com paixão, consistência e dedicação, você terá resultados extraordinários no seu negócio e uma vida com muito mais realizações.

3

OS CINCO PASSOS QUE IRÃO TRANSFORMAR O SEU INSTAGRAM EM UMA MÁQUINA DE VENDAS

AGORA que você conhece os pilares mais importantes na sua jornada de empreendedorismo, a sua mentalidade, vamos seguir para o processo de transformação do seu negócio por meio do Instagram.

Nos dias de hoje, não ter a sua empresa no Instagram significa deixar dinheiro na mesa, deixar de expandir a sua marca, de conquistar novos clientes, de transformar mais vidas com o seu produto ou serviço.

Estamos em uma nova era. Na era digital, é um comportamento natural do consumidor procurar por marcas na plataforma, procurar mais informações sobre determinado produto ou serviço por meio de conteúdos em fotos e vídeos, verificar a credibilidade das empresas, comparar números e perfis, seguir novas marcas porque gostaram do que viram publicado.

Se você busca o crescimento da sua empresa, não pode deixar de usar essa rede social a favor do seu negócio.

Afinal, são milhares de usuários ativos a cada minuto. O Brasil é o segundo país que mais utliza essa rede social[1], que não para de crescer. Onde há concentração de pessoas, há oportunidade de negócios[2].

Gosto muito de falar que o Instagram é o ambiente perfeito para utilizar o marketing de hoje em dia. Com a tecnologia, o excesso e a velocidade das informações, hoje as pessoas procuram cada vez mais uma empresa com que consigam se identificar, possam criar relacionamento, uma conexão, e se sentir cada vez mais próximas daquilo.

⭐ NÃO SE TRATA APENAS DE UMA NEGOCIAÇÃO ENTRE UM CPF E UM CNPJ.

O Instagram, sendo uma rede de relacionamento, traz exatamente isso: um ambiente com diversos recursos que possibilitam essa aproximação entre a empresa e o consumidor, no qual você pode levar o seu conteúdo, expor seus produtos e serviços, educar os seus seguidores, criar relacionamento e vender cada vez mais.

Transformar sua conta em um catálogo de produtos e serviços é cair no maior erro das empresas que utilizam a plataforma para seus negócios.

Não pense que basta ter a sua conta comercial no Instagram e postar todos os dias. Não funciona assim, você vai precisar de uma estratégia por trás do seu perfil, utilizando de maneira correta os recursos que a ferramenta disponibiliza alinhados a estratégias de marketing digital e vendas. Vou lhe mostrar esse caminho.

Preciso dizer também que estou cansada de ver pessoas e empresas perdendo tempo e dinheiro com postagens que não trazem resultados, com vídeos que mal serão vistos. Remando e não indo a lugar nenhum. Por isso, vou lhe apresentar neste livro cinco passos que farão do seu Instagram uma máquina de vendas, desde que aplicados.

Esses são os passos com que alunos meus que começaram do zero hoje impactam milhares de pessoas, e também os passos que eu segui para conquistar uma comunidade com mais de 11 milhões de seguidores.

---

1 Dino, "Instagram: 15 vezes mais interações que outras redes sociais", *Exame*, 8 ago. 2018. Disponível em: <https://exame.abril.com.br/negocios/dino/instagram-15-vezes-mais-interacoes-que-outras-redes-sociais/>. Acesso em: 27 ago.2019.
2 Ibidem.

Antes de querer começar a produzir suas postagens, conquistar curtidas, comentários e milhares de seguidores e vendas no Instagram, você precisa entender como funciona a dinâmica dessa rede social e a base do marketing da atualidade.

Esse é o primeiro passo.

Conhecer as regras do jogo possibilita que se consiga a vitória. Então, ainda que esteja ansioso para transformar os seus *likes* em vendas e os seus seguidores em clientes, você precisa passar por essa primeira base do processo e entender como funciona o Instagram, a entrega das postagens, o comportamento dos usuários na plataforma e, também, o funcionamento do marketing atual para aplicar na estratégia do seu negócio.

São fundamentos basilares para quem tem um negócio e quer usar o Instagram para potencializá-lo, ou para você que pretende começar agora o seu Instagram para Negócios.

Depois de passarmos pela compreensão fundamental sobre Instagram e marketing, o segundo passo do processo consiste em atrair as pessoas certas para o seu negócio. De nada adianta você ter 1 milhão de seguidores se estes não forem os seus potenciais clientes.

Entender quem é o seu público e atrair as pessoas certas ao seu perfil irá determinar o sucesso das suas vendas, das suas postagens, das suas curtidas, dos comentários, das suas campanhas, enfim, do seu negócio.

Não caia na armadilha de querer vender para todo mundo. Isso não funciona. Você precisará definir muito bem qual é o seu nicho e o seu cliente ideal se você quiser construir uma audiência composta por clientes e propagadores da sua marca.

Assim, também configuraremos a sua conta da maneira mais assertiva e segura possível para que você retenha seguidores que sejam os seus futuros clientes e construa um perfil de sucesso no Instagram.

No terceiro passo, falaremos da produção de conteúdo. Você deve entregar exatamente o que o seu seguidor quer e precisa de você, e distribuir isso em seu Instagram por meio de postagens em fotos e vídeos, dos *stories*, das *lives*, do IGTV, das legendas... ou seja, dos recursos que o Instagram disponibiliza.

Você não irá mais postar apenas por postar. Suas postagens farão sentido para os seus seguidores. Irão construir a sua credibilidade, a sua autoridade, e você passará a ser uma referência para a sua audiência.

Para isso, você deve postar conteúdos transformadores, que ajudem nas dores e nos incômodos da sua audiência e quebrem suas objeções.

O conteúdo certo irá converter os seus seguidores em compradores e abrirá portas para você criar relacionamento com a sua audiência.

Criar relacionamento e interação com os seguidores é crucial para que haja o crescimento natural do seu perfil e também do seu negócio.

A interação no seu perfil e nas suas postagens é o que chamamos de "engajamento".

Esse é o quarto passo para transformar o seu Instagram em uma máquina de vendas: criar uma zona de engajamento bem aquecida no seu Instagram.

Quanto mais engajado for o seu perfil, mais alcance as suas postagens ganham e mais visualizações o seu conteúdo retém. Você entra no que eu chamo de círculo de ouro, que será explicado com muitos detalhes ao longo deste livro.

Para finalizarmos o processo, há o quinto passo, com as estratégias de crescimento do seu perfil. Afinal, os seguidores não caem do céu, e você deve criar um planejamento para a sua empresa ser vista por novos usuários e, assim, conquistar novos clientes.

OS 5 PASSOS

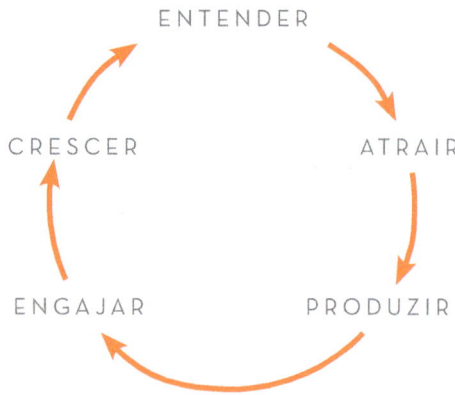

4
INSTAGRAM E MARKETING CAMINHAM JUNTOS

Fundamentos básicos de marketing

Quem diria que chegaríamos a uma era com tanta tecnologia e informação? Os computadores e celulares não são mais os mesmos. Estão cada vez mais modernos e evoluídos. A quantidade de dados na internet só cresce, afinal, são milhares de sites, blogs, redes sociais e canais de vídeos.

O mundo de hoje já não é o mesmo de ontem. Estamos passando por um processo constante de crescimento e evolução, sofrendo adaptações diárias.

Uma coisa não muda: independentemente de qual seja o negócio, investe-se em marketing para conquistar mais clientes e fazer mais vendas.

Costumo dizer que o marketing é o coração da sua empresa. Não adianta ter o espaço físico mais lindo, um atendimento de excelência, o melhor produto ou serviço se estes não chegarem às pessoas certas.

Com todas as mudanças da civilização, pode-se dizer que o marketing também passou por grandes transformações.

Marketing tradicional x marketing digital

O marketing tradicional é o marketing que a maioria das pessoas conhecem. É feito por canais de comunicação como televisão, revistas, jornais, produtos impressos, rádio, entre outros.

É aquela propaganda incrível da Coca-Cola que passa na televisão para despertar uma vontade de tomar o refrigerante ou aqueles *outdoors* que você vê por toda a cidade.

Também pode chegar a ser mais invasivo, como uma propaganda de rádio em um momento em que o ouvinte quer ouvir música e não ofertas.

O marketing tradicional atinge um número maior de pessoas, porém não há segmento. Os investimentos também tendem a ser bem mais altos. E o maior problema está em não conseguir mensurar o retorno de cada campanha.

Para os pequenos e médios empreendedores, faz-se necessário um marketing mais assertivo, mais eficiente e também com custos mais baixos.

A resposta está no marketing digital. Isso não quer dizer que o marketing tradicional não funciona. Claro que funciona, principalmente a longo prazo. Empresas grandes com alta disponibilidade de orçamento utilizam bastante esse marketing.

No marketing digital, você consegue mensurar os resultados de todas as campanhas e saber o retorno que teve com o investimento.

Você consegue saber quantas pessoas receberam o anúncio, quantas interagiram, quantas efetuaram a compra, quantas desistiram de comprar etc. Você consegue acompanhar o comportamento do seu público em relação à sua ação e criar novas estratégias com base nos resultados.

Pode ainda segmentar e atingir as pessoas que deseja para o seu negócio. Trabalhar públicos específicos que estejam cada vez mais alinhados com os clientes que você procura com base em dados demográficos e em interesses específicos.

Assim, os seus custos tendem a ser bem mais baixos e suas campanhas bem mais assertivas.

Devo dizer também que há muito mais eficiência quando o marketing da sua empresa é feito em três fases:

1. Atração: é fundamental atrair as pessoas certas para o seu negócio, ou você não terá resultados. Você precisa de pessoas que possuam necessidades em adquirir o seu produto ou serviço. Atrair as pessoas erradas, além de custar tempo e dinheiro, gasta muita energia e leva à desmotivação. Não tente oferecer carne para vegetarianos. Esse passo é imprescindível para o seu negócio.

2. Relacionamento: ao criar relacionamento com os seus clientes, você converte muito mais o seu negócio. Você estabelece a confiança e a reciprocidade necessárias em um processo de vendas, afinal, não há venda sem credibilidade. O relacionamento faz com que você se torne especial para o seu cliente, e isso vai diferenciá-lo da concorrência.

3. Venda: quando há a atração dos clientes certos e relacionamento com eles, você sabe exatamente quais são suas dores, dificuldades e necessidades. Assim, consegue vender exatamente aquilo que a pessoa procura. Suas conversões aumentam. Aqui, você deve se empenhar em entregar a maior satisfação para o seu cliente, para que ele o divulgue de maneira positiva e impacte outras pessoas com sua opinião.

```
ATRAIR
  ↓
RELACIONAR
  ↓
VENDER
```

Por isso, usar o Instagram para o seu negócio vai aumentar muito as suas vendas e os seus resultados. É o lugar perfeito para você atrair pessoas segmentadas para o seu negócio, trabalhar o relacionamento e a conexão com elas, uma vez que essa é uma rede de relacionamento, e, assim, ampliar significativamente suas vendas.

Aplicar então as três fases e usar o marketing digital em seu Instagram é mudar a direção dos seus negócios.

Mas, para isso acontecer, você também deve conhecer alguns fundamentos básicos da ferramenta Instagram para que possa utilizá-la com assertividade.

Fundamentos básicos do Instagram

O Instagram é hoje a segunda maior rede social do mundo! Fica atrás apenas do Facebook. Ambos são da mesma empresa. Atualmente, é a rede social que mais cresce. São mais de 1 bilhão de usuários ativos, segundo seus próprios dados. O Brasil é o segundo país com mais usuários, ficando atrás dos Estados Unidos[3].

Assim sendo, fica fácil constatar por que é importante você usar o Instagram para o seu negócio. Mas não pense que fazer marketing no Instagram se resume a criar uma conta comercial e postar. Você precisa de muito mais do que isso se quiser criar sua autoridade, expandir a sua marca pessoal ou empresarial, aumentar o número de clientes e fazer mais vendas a partir dessa rede social.

Para começar, é necessário compreender como funciona essa máquina. Afinal, quando sabemos com quem estamos jogando, as chances de ganhar são maiores. E o Instagram é cheio de regras e detalhes aos quais você precisa se atentar.

Como toda rede social, o Instagram é comandado por um sistema e por robôs. São eles que leem a sua postagem, o comportamento dos usuários na plataforma e decidem para quem irá cada postagem. Chamamos esse sistema e esses robôs de algoritmo.

---

3 Ibidem.

Logo, a primeira coisa que você deve entender é sobre o funcionamento do algoritmo do Instagram, para conseguir otimizar suas ações na plataforma e alcançar cada vez mais contas e usuários.

Algoritmo do Instagram

Se você entrou no Instagram no início de sua criação, pôde perceber alterações significativas em relação ao funcionamento do aplicativo e à distribuição de postagens.

Isso porque, antigamente, o Instagram funcionava por meio de um algoritmo cronológico.

Você fazia a sua postagem e todos os seus seguidores a recebiam na mesma hora. O seu *feed* era ordenado pelo horário da postagem. As postagens mais recentes ficavam no topo e, as mais antigas, no final.

Com o crescimento do Instagram, o espaço passou a ficar mais concorrido. Afinal, são milhares de contas ativas todos os dias e milhões de publicações acontecendo a cada segundo na plataforma. Como entregar tudo para os usuários e ainda manter o interesse e a boa experiência no aplicativo?

Uma mudança no algoritmo se fez necessária com todo esse crescimento. O algoritmo cronológico perdeu sentido e deixou de existir para um novo filtro ser adicionado: o filtro da relevância[4].

Acredito que a mudança traz uma experiência mais positiva para os usuários, que passam a receber conteúdos filtrados por seus interesses. O número de anunciantes também aumenta com essa história.

O novo algoritmo possui três fatores de peso que determinam o que aparece no seu *feed*: interesse, recência e relacionamento.

Com o fator de interesse, o Instagram faz uma análise do seu comportamento no aplicativo. Ele analisa as suas interações, que podem se dar por curtidas, comentários, envio de *directs*, compartilhamentos, por exemplo, para determinar o que é mais importante e o que precisa ser mostrado no início do seu *feed*.

---

4 Josh Constine, "How Instagram's Algorithm Works", *TechCrunch.com*, 1 jun. 2018. Disponível em: <https://techcrunch.com/2018/06/01/how-instagram-feed-works/>. Acesso em: 27 ago. 2019.

Assim, conforme os seus interesses, os assuntos são apresentados para você.

O aspecto recência faz com que a plataforma priorize publicações mais recentes, com datas mais próximas e que não sejam tão antigas, como o intervalo de uma semana, por exemplo.

E o fator relacionamento é a terceira determinante. O Instagram analisa a proximidade que você possui com outras pessoas. Ele identifica isso, por exemplo, quando você comenta em fotos, tem publicações com marcação de pessoas, entre outros tipos de interação e engajamento; com base nisso, ele entrega as postagens no topo do seu *feed*.

Existe mais um fator de ranqueamento que influencia muito a entrega dos conteúdos: o tempo que o usuário consome no Instagram.

Ou seja, se você é uma pessoa que passa apenas cinco minutos navegando na plataforma, ele mostrará o mais quente de acordo com os seus interesses. Se você passa dez horas na plataforma, ele consegue lhe mostrar além dos seus interesses, podendo lhe apresentar todas as publicações daquele dia.

É muito importante compreender como funciona a entrega das suas postagens para os seus seguidores e o que precisa fazer para aumentar o alcance do seu conteúdo, se quiser atingir mais pessoas e fechar mais vendas.

Entendendo o algoritmo, você percebe que precisa se tornar relevante para os seus seguidores e criar relacionamento com eles. Você precisa estimular o engajamento da sua página para que eles recebam as suas postagens e os seus conteúdos. Falaremos mais sobre isso adiante.

RELEVÂNCIA
RECÊNCIA
RELACIONAMENTO
FREQUÊNCIA
→ **ALGORITMO**

Comportamento dos usuários na plataforma

Entender como as pessoas reagem utilizando o Instagram também é fundamental para que você consiga se alinhar às necessidades e reações delas.

Eu o convido a fazer uma autoanálise de como você usa o Instagram de forma pessoal em seu dia a dia. Se não o utiliza tanto assim, recomendo que comece a passar mais tempo explorando a plataforma com caráter pessoal.

É muito importante vivenciar o outro lado, imaginar-se como o seu seguidor, para entender o comportamento dos seus potenciais clientes.

Vou propor um cenário para, juntos, fazermos uma reflexão: todos os dias você abre o seu aplicativo para ver o que está acontecendo no seu *feed*, o que as pessoas estão postando, o que elas estão fazendo em seus *stories* e se há alguma nova mensagem direta para você.

O que acontece? Você se depara com várias novas postagens. De amigos, familiares, empresas que você acompanha, influenciadores e outros perfis que segue. São diversos tipos de conteúdos e informações distribuídos por fotos, vídeos e *stories*.

Qual é a velocidade com que você gerencia o seu *feed*? Você vai passando lentamente, vendo foto por foto, vídeo por vídeo? Ou sai mexendo o dedo e rolando até o final da sua *timeline* com mais velocidade?

Não sei quanto a você, mas a maioria dos usuários vai descendo seus *feeds* velozmente. Entendendo isso, você verá a necessidade de impactar os seus seguidores em pouquíssimos segundos.

Você precisa então chamar a atenção do seu seguidor em até dois segundos, para que ele identifique a sua postagem de foto ou vídeo e pare nela para consumir o seu material.

Eis aí a importância de pensar no visual do seu Instagram e trazer a atenção do usuário para que ele realmente o veja. Para que ele leia a sua legenda, analise a sua foto, assista ao seu vídeo, ou seja, consuma o seu conteúdo.

Você pode aumentar a retenção dele simplesmente:

- Trazendo cores vivas para a sua postagem;
- Apostando em fotos que chamem atenção e quebrem padrões;
- Inserindo títulos em fotos e vídeos sobre o conteúdo em questão;
- Não criando um padrão visual "perfeitinho".

5

CONSTRUA AUDIÊNCIA COM OS SEGUIDORES CERTOS PARA O SEU NEGÓCIO

TER milhares de seguidores no Instagram é extraordinário, desde que estes tenham relação com seu negócio.

De nada adianta possuir um número enorme de contas que o seguem se estas não tiverem o mínimo interesse em você, no seu produto ou serviço.

Pior: ao atrair as pessoas erradas para o seu Instagram e para o seu negócio, você perde tempo, dinheiro e energia.

O seu conteúdo nunca será bom o suficiente, as suas postagens não terão curtidas nem comentários, o engajamento do seu Instagram será sempre baixo e você não fechará vendas.

Portanto, atrair as pessoas certas é essencial para ter resultados no seu Instagram. Para isso, você precisa saber exatamente quem você quer atrair para o seu negócio. O foco deve ser sempre o seu cliente ideal.

Pesquisar um nicho de mercado e identificar o seu avatar fará toda a diferença nas suas conversões e na construção da sua audiência.

Costumo dizer que o dinheiro está no nicho. Não adianta você querer abraçar o mundo e cair na armadilha da abrangência. Ao falar com todo mundo, você não fala com ninguém.

Nicho

Mas o que é nicho de mercado?

É uma segmentação do seu mercado que reúne um grupo de pessoas com necessidades, interesses e preferências em comum. Para uma melhor compreensão, vamos a um exemplo.

Um profissional da saúde tem como segmentação de sua área a especialidade em nutrição. Dentro da nutrição, resolve criar um nicho específico para atender gestantes.

Esse nutricionista atende então um grupo específico: mulheres gestantes. Elas têm dores, dificuldades, interesses e preferências em comum, já que estão vivendo a mesma fase e os mesmos desafios.

O nicho permite que esse profissional atenda com mais precisão e assertividade as dificuldades de seus clientes. Diferente de um nutricionista, que atende gestantes, atletas, homens, mulheres, crianças com problemas de obesidade, idosos com deficiências nutritivas de uma só vez.

Na hora de vender o seu serviço, o profissional que tem um nicho mais específico conseguirá muito mais conversão. A sua comunicação estará mais alinhada ao seu cliente.

Entenda que vender é resultado de uma comunicação específica e persuasiva, uma comunicação que se alinha exatamente com o que está na mente do cliente.

Portanto, escolher um nicho é de extrema importância para aumentar a sua taxa de conversão. Após dominar um nicho, você pode passar para outro.

Agora, um exemplo para quem vende produtos.

Você é mulher e calça o número 34. Um número não tão fácil de ser encontrado em lojas de calçados.

Existindo a opção entre uma loja de calçados voltada homens e mulheres e outra exclusiva para mulheres que calçam números pequenos, como 34, você tende a ir a qual delas?

A que atende a sua necessidade de forma mais pontual, claro. Cujos vendedores entenderão muito mais sobre silhueta feminina e, assim, poderão apresentar um número maior de opções frente à sua demanda. As chances de você comprar ali são mais amplas do que em uma loja de calçados comum.

Portanto, não caia no erro de achar que você deve vender para todo mundo. Ao estabelecer o seu nicho, você atrai muito mais clientes prontos para comprar de você. No seu Instagram, você atrai muito mais seguidores ideais.

⭐ O DINHEIRO ESTÁ NO NICHO!

Como definir um nicho?

São três fatores importantes na escolha de um nicho. Chamamos de fórmula PHD, que envolve paixão, habilidade e demanda.

Como falamos no início do livro, a paixão é a gasolina reserva quando o seu tanque de energia estiver vazio.

Portanto, trabalhar com algo pelo qual se tem paixão é muito mais leve e o ajuda a enfrentar as adversidades da jornada do empreendedor.

Trazendo para o nosso contexto de marketing e Instagram, é muito mais fácil gravar vídeos, produzir postagens e textos, criar fotos, gravar *stories* e fazer *lives* dos assuntos de que gostamos.

Então, sem dúvida, a paixão é um dos principais elementos para você identificar o seu nicho de mercado.

Mas não adianta apenas ter paixão, é preciso ter habilidade ou saber adquiri-la. Você vai precisar de conhecimento para gerar os conteúdos e trabalhar o seu material para atender as necessidades específicas daquele grupo.

Obviamente, o seu nicho precisa ter uma demanda de potenciais pagadores para comprar os seus produtos ou serviços. Isso tornará o seu negócio mais lucrativo, somente paixão e habilidade não vão sustentá-lo.

Você pode fazer uma pesquisa de demanda analisando se existe procura nas redes sociais e no Google, vídeos no Youtube, observando os seus concorrentes e verificando se há produtos similares no mercado.

Não existe nicho certo ou errado. Existe nicho pouco ou muito lucrativo. Assim, faça uma reflexão a respeito do nicho de mercado a ser explorado junto com a fórmula PHD.

Avatar

Atendendo um grupo específico de pessoas, você define o que chamamos de avatar.

Avatar é o representante do seu nicho, é o seu cliente ideal. Ter o seu avatar muito bem definido irá otimizar as suas campanhas no Instagram, os seus anúncios, a produção e a distribuição do seu conteúdo. Fará com que você construa uma audiência muito mais poderosa.

Por exemplo, posso fazer o melhor conteúdo do mundo sobre Instagram para Negócios, mas se eu o distribuir para uma pessoa que está estudando para passar em concurso público, não terei resultado algum, pois essa pessoa claramente não é o meu avatar e não está interessada no meu produto ou serviço. Ela não se encaixa como o cliente ideal do meu negócio.

Definir o seu avatar será um dos passos mais importantes para o sucesso do seu negócio.

Como definir o avatar?

Iremos definir e conhecer o seu avatar com base em dados demográficos, definindo suas dores e transformações.

Dados demográficos:

Você pode começar a buscar os dados demográficos mais simples do seu avatar, respondendo às seguintes perguntas:

- Qual é o sexo do seu avatar?
- Qual é a faixa etária do seu avatar?
- Em qual região ele reside?

É muito importante reunir essas respostas para que você converse na linguagem do seu avatar.

Entenda que falar com mulheres é diferente de falar com homens. A comunicação com um adolescente é diferente da que é feita com um adulto de 50 anos. Falar com o Brasil inteiro é diferente de falar apenas com pessoas que moram no Rio de Janeiro.

Ter a comunicação assertiva com o seu cliente ideal faz grande diferença no seu Instagram e no seu marketing.

Ela fará com que as pessoas se conectem e se identifiquem muito mais com você, assim você conseguirá construir uma audiência qualificada para o seu negócio e com potencial de compra.

Dores do avatar:

- Com o que o seu cliente sofre?
- Qual é a maior dificuldade dele?
- Quais são as suas dores?
- Quais são os seus medos?
- Quais são os seus incômodos?
- Quais são as suas frustrações?

Ter essas respostas é de extrema importância. São as dores e dificuldades que irão conectar o seu avatar com você.

Para construir relacionamento e conquistar a confiança do seu cliente ideal, você deve entender os problemas dele. Não existe um processo de vendas sem confiança. Isso fará com que a conexão entre você e o seu cliente se fortaleça, e suas conversões aumentarão.

Além disso, será a partir das dores e incômodos do seu avatar que você irá montar os seus vídeos, os seus conteúdos, gravar os seus *stories*, oferecer novos produtos e serviços e fazer a sua oferta.

Com essas informações, você fica apto a entregar exatamente a transformação de que o seu cliente precisa.

E os seus conteúdos no Instagram ganham muito mais relevância e importância para os seus seguidores, que ficarão cada vez mais ansiosos para ler as suas postagens e assistirem aos seus vídeos.

Objeções do avatar:
- O que impede o seu avatar de fechar a compra com você?

Vender é matar objeções. Se você não conhecer as dúvidas e objeções que levam o seu cliente ideal a não fechar a compra com você, a sua lucratividade ficará bem abaixo do que poderia alcançar.

É certo que todo consumidor possui objeções que o paralisam na hora da decisão de compra. Você precisa descobrir quais são.

Portanto, conheça essas dúvidas exatas para que possa resolvê-las em formatos de conteúdos no seu Instagram e conquistar mais vendas. Esse será um passo decisivo para a sua lucratividade e, mais adiante, trataremos desse tema mais a fundo.

Transformações do avatar

As transformações do seu avatar estão ligadas aos seus incômodos e dores. Ele sonha estar em um ambiente distante deles. Portanto, pesquise:
- Quais são as transformações que ele deseja?

- Como ele quer se sentir?
- O que o faz feliz?
- Quais são os seus sonhos?

Conteúdo e produto/serviço bons são aqueles que resolvem as dores do seu avatar e levam às transformações desejadas, quebrando objeções que possam surgir ao longo do caminho. Isso irá gerar uma produção maior de depoimentos, um número maior de compartilhamentos e também crescimento da sua audiência junto com as vendas do seu negócio.

Quer um exemplo de como funciona na prática?

Caso da Luísa (avatar)

Luísa tem a maior dificuldade em comprar roupa de festa. Ela precisa de vestidos que se adequem ao seu corpo mais curvado, ou então ela se sente desconfortável. (dificuldade, medo)

Ao experimentar roupas de festa, o seu sentimento é de que ninguém entende o seu corpo. Quando lhe chega um convite para um evento que exige tal traje, ela já começa a se sentir torturada em ter que buscar uma roupa nova. (frustração, dor)

Por ter mais curvas, teme parecer vulgar usando uma peça que não valorize seus traços. Apesar de usar todos os dias seu Instagram para acompanhar amigos e lojas, ainda tem medo de comprar on-line e não receber o produto. Mesmo que receba, tem receio de o produto não ficar legal no corpo e perder seu investimento. (medo, dor, objeções)

Se você entende as dores e dificuldades do seu cliente, fica muito mais fácil atender melhor seus consumidores e entregar exatamente o que eles estão precisando, o que converteria em mais vendas para o seu negócio.

Com conteúdos certos direcionados, Luísa ficaria muito mais esperançosa e confiante na hora de comprar roupa de festa. Ela se sentiria acolhida, afinal, aquela marca a compreende! Sabe mais das dores e dificuldades que ela mesma e mostra as melhores soluções.

Isso traz um sentimento de animação e conforto no consumidor. Alivia todo aquele medo e frustração que o acompanham. Seguindo essa linha, Luísa sempre teria como referência essa marca, que se tornaria única e especial para ela diante de todas as outras do mercado.

Portanto, conhecendo quem é o seu avatar, suas objeções, dores e transformações desejadas, as suas postagens e vídeos serão muito mais impactantes.

Quando você gera o valor que os seus seguidores querem e precisam, eles interagem muito mais, conectam-se com você ou com a sua marca, passam a segui-lo fielmente para não perder nenhuma postagem.

Você passa a ser único para a sua audiência, suas palavras ganham um poder maior e você exerce muito mais influência. Consequentemente, o seu negócio se torna bem mais lucrativo.

Construindo audiência

Com o nicho e avatar bem definidos, você deve CONSTRUIR a sua audiência no Instagram.

Você constrói audiência nessa rede social a partir do seu posicionamento e da sua produção de conteúdos que atendam ao seu avatar.

Al Ries, em seu livro *Posicionamento*[5], defende que "o mercado não é uma batalha de produtos. É uma batalha de percepções". É exatamente isso: não se trata do produto ou serviço em si, mas da maneira como você ocupa a mente do seu cliente.

Por isso, cabe a você se posicionar frente ao seu nicho e ao seu cliente ideal, para que seja o número 1 na mente deles.

Para dominar o seu nicho e ser o número 1, você precisa de velocidade para construir a sua audiência.

---

5 Al Ries e Jack Trout, *Posicionamento: a batalha por sua mente* (São Paulo: M. Books, 2009).

Então, preencha cada vez mais a mente dos seus seguidores, de maneira que nenhum outro perfil no Instagram esteja fazendo. Torne-se cada vez mais familiar e importante para a sua audiência.

Quanto mais você aparecer no Instagram entregando conteúdos de valor para os seus seguidores e criando relacionamento com eles, mais rápido você se torna uma referência para os seus seguidores, que o irão divulgar naturalmente.

Dentro da sua audiência, você tem dois grupos de pessoas: os seus clientes e os seus propagadores.

Você terá os seguidores que irão comprar de você, dando-lhe receita e lucro. E também os seguidores que serão a sua prova social, que irão falar de você e propagá-lo em outros canais de comunicação ou pelo boca a boca pessoal, trazendo-lhe mais clientes.

Não se esqueça, CONTEÚDO DEFINE AUDIÊNCIA. Você atrairá seguidores ao seu Instagram de acordo com o conteúdo e o posicionamento que cria.

Construindo autoridade

Ao se tornar uma autoridade para a sua audiência, você ganha o poder de impactar muito mais o seu mercado com as suas palavras e gera muito mais resultados para o seu negócio.

Existe uma pirâmide conhecida no marketing, chamada de pirâmide da autoridade. Ela se relaciona com a forma com que você se posiciona diante de sua audiência.

O nível que você se encontra na pirâmide da autoridade está ligado ao seu nível de influência e à percepção da sua audiência em relação a você.

A cada degrau da pirâmide, há uma percepção de valor diferenciada: no topo, pode-se cobrar cem vezes mais pelo seu produto ou serviço em relação ao primeiro degrau da pirâmide.

Vamos, então, analisar cada posição da pirâmide da autoridade: generalista, especialista, autoridade, autoridade-celebridade e lenda.

PIRÂMIDE DA AUTORIDADE

LENDA
AUTORIDADE-CELEBRIDADE
AUTORIDADE
ESPECIALISTA
GENERALISTA

Generalista

O profissional ou a marca que ainda não adotou um único posicionamento, ou então não restringiu uma especialidade, está nessa posição. É uma posição muito perigosa para quem quer se destacar na internet e no Instagram.

Isso porque o generalista enfrenta dificuldades enormes para criar estratégias de crescimento em seu negócio, uma vez que seu nicho e seu avatar não estão definidos. Está cercado de "mesmice".

Ter uma área tão ampla e geral não lhe dá um bom posicionamento na pirâmide de autoridade, pois a percepção externa em relação a você será sempre inferior perto de um especialista.

Exemplos de generalistas: *coachings* que atuam em qualquer área, advogados que atendem a qualquer processo, nutricionistas sem especialidade.

Especialista

O especialista é aquele que escolhe um nicho para trabalhar. É o *coaching* de finanças, o advogado criminalista e o nutricionista para atletas, na comparação com os exemplos anteriores.

Ao se tornar um especialista, você atende com muito mais assertividade as dificuldades e dores do seu cliente. A sua comunicação fica bem mais alinhada e direcionada.

Você consegue fazer um trabalho mais personalizado e com mais propriedade, aumentando a sua percepção e o seu valor.

Obtém ainda mais resultados na divulgação do seu Instagram, na produção de anúncios e nas demais estratégias de crescimento da sua página, que funcionarão com mais eficiência, atraindo seguidores qualificados para o seu negócio, uma vez que você segmenta o seu cliente ideal.

Autoridade

Ao conquistar uma audiência e o seu trabalho ser reconhecido nos meios mais importantes do seu mercado, você deixa a posição de especialista e se torna uma autoridade.

Promover a sua identidade pessoal ou a identidade comercial da sua marca é determinante para que você alcance o nível de autoridade.

Conquistar essa posição na pirâmide de autoridade leva tempo e exige consistência. Você deve construir uma boa audiência e produzir muito valor, compartilhando conteúdos que fortaleçam seu posicionamento.

Uma vez que você ganha autoridade no seu mercado, consegue impactar muito mais a sua audiência, aumentando a lucratividade do seu negócio e sua percepção de valor.

Aqui você tem uma credibilidade construída. Uma relação de segurança e confiança estabelecidas.

Autoridade-celebridade

Esta é uma posição almejada, quem atinge esse nível da pirâmide não é mais uma autoridade, mas também uma celebridade em seu mercado.

O profissional que se torna autoridade-celebridade tem uma grande audiência formada por fãs e um amplo poder de influência em relação a eles e ao seu mercado.

Convites, eventos, palestras, oportunidades de negócios, pessoas importantes mencionando você, fãs que o propagam e o defendem, tudo isso faz parte quando você se torna uma autoridade-celebridade.

Lenda

Você já ouviu falar de GaryVee? Michael Jordan? Tony Robbins?

Todos eles se tornaram lendas em seus mercados. Seus nomes viraram marcas. Não são apenas profissionais ou especialistas do marketing, do basquete ou do *coaching*, são mitos, estrelas!

Ditam regras para o seu mercado. Lançam tendências que serão seguidas por especialistas, autoridades e, claro, por seu enorme público.

Ao se tornar uma lenda, você influencia toda a pirâmide de autoridade da sua área de mercado.

Para isso, é necessário além de bastante tempo, muito *branding*, conteúdo, audiência e relacionamento.

Ser uma lenda é também se tornar um grande líder.

Conclusão

Tomando por base tudo o que você viu neste capítulo, sabemos agora que é incontestável a importância de definir e conhecer os seguidores ideais que você deseja atrair ao seu Instagram e ao seu negócio.

Afinal, isso fará com que você tenha uma comunicação, uma produção de conteúdos, uma capacidade de anunciar muito mais assertivas, trazendo maior conexão para o seu negócio e construindo uma audiência qualificada e com alta lucratividade.

A ideia é que você construa a sua audiência no Instagram cada vez mais rápido e com os seguidores certos para o seu negócio, que se tornarão clientes e propagadores da sua marca.

```
        NICHO  →  AUDIÊNCIA
                      ↓
    ÁREA DE      CLIENTES E
    MERCADO      PROPAGADORES
```

O seu posicionamento também é essencial para a construção da sua autoridade e para que você atinja os diferentes níveis da pirâmide de autoridade, tornando-se cada vez mais importante e influente na sua área de mercado e para a sua audiência.

6

OS SEGREDOS NA HORA DE CONFIGURAR A SUA CONTA NO INSTAGRAM

PARA fazer marketing e gerar vendas no seu Instagram para Negócios, você precisa estruturar a sua "vitrine" e definir o seu posicionamento.

O Instagram é uma ferramenta visual. Os usuários precisam entrar na sua conta e identificar de cara o que podem extrair de você em seu perfil de negócios e entender qual é o seu posicionamento em sua área de mercado.

Durante as minhas consultorias e análises de perfis no Instagram, sempre vejo pessoas e empresas configurando suas contas de maneira errada, sem mostrar às claras seus posicionamentos. Esses erros impossibilitam o crescimento de suas contas.

Então, para que você atraia seguidores mais assertivos, faremos a configuração de sua conta de forma estratégica e segura para o seu negócio. Siga todos os passos deste capítulo.

Sua conta deve ser comercial

Se você quer usar o Instagram para alavancar o seu negócio, deve ter uma conta comercial.

A conta comercial é sempre aberta. Você não poderá mais deixar o seu perfil como privado, nem deve. Afinal, o Instagram será a vitrine do seu negócio, devendo estar sempre disponível para o usuário.

Deixar o perfil privado na esperança de ganhar novos seguidores pela curiosidade é uma armadilha. Você só afastará a possibilidade de conquistar novos clientes interessados no seu negócio.

Existem também recursos que apenas a conta comercial tem e que serão necessários na sua jornada:

- Possibilidade de adicionar informações de contato;
- Possibilidade de inserir link nos *stories* (desde que você tenha 10 mil seguidores);
- Acesso às estatísticas do perfil e das postagens.

Adicionar informações de contato no seu perfil trará mais credibilidade para a sua conta. O seu seguidor se sentirá mais seguro sabendo que existe outra forma de entrar em contato com você.

Você poderá adicionar o seu telefone, e-mail e até mesmo o seu endereço.

Não espere que o seu seguidor decore um número telefônico para entrar em contato com você. Você precisa facilitar a vida do seu cliente e trazer mais estrutura para o seu negócio.

Portanto, adicionando informações de contato na sua página, você fará com que as pessoas tenham um meio muito mais prático e profissional de chegar até você.

Colar link nos *stories* quando você tem uma conta comercial também pode ajudar muito nas vendas.

Esse recurso, conhecido como "arraste para cima", só fica disponível quando você atinge 10 mil seguidores na sua conta. Ele lhe permite direcionar os seus seguidores para qualquer outro lugar fora do Instagram, o que contribui para fechar novas vendas.

O acesso às estatísticas do perfil e das postagens também é essencial para você coletar dados sobre os seus seguidores e sobre o andamento do seu Instagram:

- Dados demográficos dos seus seguidores: gênero, faixa etária, países e cidades.

- Dados de crescimento da conta: quantos seguidores ganhou e quantos perdeu.

- Dados sobre as suas publicações e *stories*: quanto de alcance, impressão e engajamento o seu conteúdo obteve.

- Dados sobre as interações da sua conta: quantas visitas você recebeu no seu perfil, cliques no seu link, quantas contas você alcançou.

Principais localizações

Cidades Países

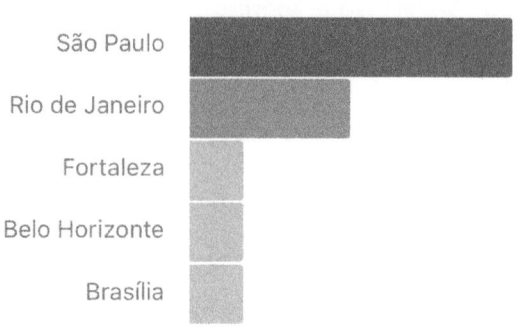

- São Paulo
- Rio de Janeiro
- Fortaleza
- Belo Horizonte
- Brasília

Faixa etária

Todos Homens Mulheres

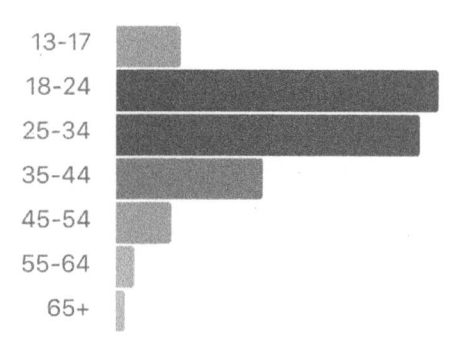

- 13-17
- 18-24
- 25-34
- 35-44
- 45-54
- 55-64
- 65+

Gênero

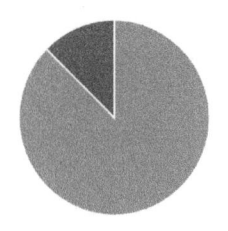

13% Homens

87% Mulheres

Informações

Atividade | Conteúdo | Público

75,8 mil

13,7 mil 9,3 mil   28,7 mil 26,3 mil 23 mil

T   Q   Q   S   S   D   S

Visitas ao perfil — 256.745
+168.205 vs. 19 de junho - 25 de junho

Emails — 359
+175 vs. 19 de junho - 25 de junho

Descoberta

2.973.584

Contas alcançadas de
26 de junho a 2 de julho

T   Q   Q   S   S   D   S

Alcance — 2.973.584
+929.439 vs. 19 de junho - 25 de junho

Impressões — 22.352.053
+6.362.913 vs. 19 de junho - 25 de junho

O que isso significa? ⌄

Nome de usuário

O seu nome de usuário será muito importante para que as pessoas o encontrem no Instagram. Para que você entre no mecanismo de busca dos usuários.

Ele precisa ser fácil, simples e memorável. Inserir pontuações, *underline*, números ou letras em excesso complica na hora de o usuário procurá-lo e você acaba perdendo seguidores por isso.

Portanto, pense em um nome estratégico para o seu Instaram para Negócios. Se possível, em um nome que também seja descritivo.

Criando uma biografia de impacto

A biografia é o seu campo de impressão. É o lugar em que você deve informar, de forma clara e simples, o que faz ou qual é a sua missão. Para que o usuário que entre no seu Instagram saiba desde o início o que pode extrair de você.

Você deve deixar a sua biografia organizada. O Instagram é uma ferramenta visual e você não quer poluir a mente do seu seguidor assim que ele entrar no seu perfil.

Após inserir a mensagem sobre você ou sobre o seu negócio de forma organizada, você deve fazer uma CTA ao final da biografia para o seguidor acessar o link URL.

CTA significa *call to action*, ou seja, "chamada para ação". Esse é um comando que você dá para o usuário executar alguma coisa.

Como por exemplo: ACESSE a minha loja virtual. CLIQUE no link de WhatsApp abaixo. INSCREVA-SE no meu canal do Youtube.

A sua CTA deve ser seguida de um link URL que você pode pôr no seu perfil. Esse link permite que as pessoas cliquem e saiam do Instagram, sendo direcionadas para outro lugar: para o seu WhatsApp, para sua página de vendas, para o seu e-commerce ou qualquer outro site que você deseje.

Dica: se você vende via WhatsApp o seu produto ou serviço, criar um link de WhatsApp facilita muito para que o seu seguidor possa entrar em contato para comprar de você.

Não espere paciência e boa vontade dos usuários. Você precisa facilitar o caminho deles. Muitas lojas já perderam venda comigo porque não tinham um link de WhatsApp no perfil para eu só clicar e resolver o meu problema. A chance de eu ficar decorando um número telefônico da biografia é muito pequena, a não ser que eu esteja desesperada por um produto ou serviço.

IMAGEM POSICIONADA

NOME DE USUÁRIO SIMPLES E MEMORÁVEL

jumunhoz

250 Publicações   404 mil Seguidores   119 Seguindo

Júlia Munhoz - Marketing
Consultor de negócios
📚 Autora do livro Instagram para Negócios
💥 Multiplique suas vendas e transforme seguidores em clientes.
👇 Para cursos, clique no link abaixo — CTA
juliamunhoz.com/treinamento/ — LINK/URL

BIOGRAFIA DE IMPACTO

Sua imagem o acompanha

Apesar de ser uma imagem pequena, sua foto traz um grande impacto no Instagram e aparecerá praticamente em todos os lugares:

- No seu perfil;
- Nos seus *stories*;
- Nos seus comentários;

- Nas suas postagens;
- Nas suas interações de curtidas;
- No envio de *directs*.

Ou seja, a maioria das interações e ações que você realizar no seu Instagram será acompanhada da sua imagem.

Então, pense em um logotipo ou foto que chame a atenção do seguidor. A sua foto deve ser notável, portanto, cuidado com textos muito pequenos na imagem. Ou fotos muito apagadas. Chame atenção!

Se for optar por uma foto profissional, assegure-se de que ela mostre a sua personalidade e o seu posicionamento. Isso contará para a construção da sua marca pessoal.

Configurações de segurança

Você está dedicando tempo e dinheiro ao seu Instagram para alavancar o seu negócio. Deixar a sua conta desprotegida não é uma opção.

Algumas medidas podem lhe dar mais segurança para dificultar o acesso da sua conta por terceiros mal-intencionados.

Para isso, você deve adicionar algumas informações e também ativar a autenticação de dois fatores.

Entre em "Editar perfil" para adicionar informações de contato do administrador da conta:

- O seu telefone;
- E-mail cadastrado.

Para esse e-mail, sugiro que somente você saiba da existência dele.

Também é importante você ter acesso diário a este e-mail caso o Instagram notifique alguma atividade incomum em relação à sua conta.

Em "Configurações", você pode alterar a segurança da sua conta adicionando a autenticação de dois fatores.

"A autenticação de dois fatores permite proteger a sua conta sempre que você faz *login* em um telefone ou computador que não reconhecemos. Enviaremos um SMS com um código de *login*, ou você poderá usar um aplicativo de segurança de sua escolha."

Essa é a mensagem que aparecerá para você ao optar pela autenticação de dois fatores. Portanto, é importante que você cadastre o número de telefone que esteja sempre com você.

Em "Configurações de segurança", você também pode verificar as atividades de *login* sempre que quiser. Assim, saberá onde a sua conta está conectada e qual foi a última vez que a acessaram, podendo remover o acesso caso veja um dispositivo incomum.

Por fim, tome cuidado ao utilizar aplicativos de terceiros que pedem o *login* da sua conta. Isso pode pôr a sua conta em risco.

7

CONTEÚDO É PODER!

NÃO existe falar em marketing e não falar do marketing de conteúdo. Eles caminham juntos.

Para que a sua marca, produto ou serviço ganhem espaço na internet, você deve produzir o conteúdo certo.

No Instagram, a regra é a mesma, afinal, essa é a maneira de vincular-se a seu seguidor ideal e fazer crescer cada vez mais a sua lista de clientes e potenciais clientes, criando uma notoriedade para o seu perfil e para a sua marca.

Se você fizer do seu Instagram um catálogo de produtos e vendas ou uma seção de classificados de jornal sem gerar valor para os seus seguidores, você nunca terá sucesso na plataforma, nem fará crescer o seu negócio.

Esse é o maior erro de pessoas e empresas que usam o Instagram para Negócios: não sabem gerar valor e acham que podem usar a plataforma apenas para vender.

O marketing de conteúdo consiste primeiramente em entregar valor. Muitas vantagens surgem daí:

- Crescimento do número de clientes e potenciais clientes;
- Engajamento com o seu avatar;

- Criação de uma percepção positiva em relação à sua marca;
- Conquista de propagadores e defensores da sua marca;
- Criação de autoridade e credibilidade;
- Diferenciação entre você e a concorrência.

Um dos grandes benefícios do marketing de conteúdo também é gerar crescimento orgânico (crescimento natural, sem investimento financeiro). Ao gerar valor na internet e no Instagram, você aumenta as pesquisas e os compartilhamentos, levando a sua mensagem para mais pessoas.

Esse crescimento é a longo prazo. Você não posta um conteúdo e tem resultados imediatos. Não funciona assim. Apesar de demorar mais tempo, o resultado da produção de conteúdo é muito rentável para os negócios. Você conquista clientes e potenciais clientes por um custo mais baixo e, ao mesmo tempo, cria a sua autoridade, tornando-se uma referência para quem o acompanha.

O marketing de conteúdo é excelente para fazer o *branding* da sua marca pessoal ou comercial. Com uma boa quantidade de conteúdos de qualidade distribuídos na internet e no seu Instagram, você passa a se tornar cada vez mais familiar para os usuários e sua marca começa a ficar registrada na mente dos seus seguidores.

Quanto mais conteúdo eles consomem, mais eles lembrarão de você. E quanto mais você preenche a mente do seguidor, mais você se torna confiável. Assim você constrói a sua credibilidade na internet e no Instagram.

Mas cuidado! Lembre-se de que pensar em marketing de conteúdo e geração de valor não diz respeito apenas a você ou à sua empresa, mas, principalmente, ao seu cliente. Você deve entregar o que ele quer e o que ele precisa.

Pense sempre no seu cliente ideal, pesquisando suas dores e sonhos, porque os conteúdos que você produzir devem ser transformadores e agregar valor na vida dele.

Quando você pensa na sua audiência e cria conteúdo relevante, gera muito mais interesse nos seus seguidores em consumirem cada vez mais o seu material; cria autoridade, tornando-se uma pessoa importante, referência no seu mercado.

Você também deve produzir conteúdos que quebrem objeções do seu avatar para conseguir vender mais.

Com tudo isso, a sua audiência ficará permanentemente ansiosa para ouvir o que você tem a dizer. Ela se relacionará com você. Esse é o poder do marketing de conteúdo.

Então, quando acerta essa produção de conteúdo qualificado, e você só consegue fazer isso pesquisando e conhecendo muito bem a sua audiência, o seu cliente ideal, você gera para o seu Instagram:

- Mais seguidores;
- Mais visualizações;
- Mais interações e engajamento: comentários, curtidas, compartilhamentos, envio de mensagens etc.;
- Mais visibilidade;
- Mais alcance.

O marketing de conteúdo é essencial para a obtenção de resultados no seu negócio. É entregar antes de querer cobrar. É criar relacionamento. É se tornar confiável. É agregar significado a uma venda.

Não caia na armadilha de compartilhar o mesmo conteúdo em todas as redes sociais ou em outras plataformas. O seu conteúdo deve ser específico e projetado para a ferramenta que está usando para distribuir.

Por exemplo, o mesmo vídeo do Instagram não deve ser compartilhado no Youtube. O texto de uma postagem no Instagram não deve ser o mesmo para o seu Twitter ou Facebook. E por aí vai.

Cada plataforma tem sua forma específica de funcionar, o seu formato ideal e um público diferente – ou o mesmo público, mas com objetivos diferentes. Não adianta querer aproveitar o mesmo conteúdo em todos os canais. Não funciona.

Então, se quiser usar um conteúdo de outra rede social no seu Instagram ou vice-versa, adapte-o para gerar interesse em cada canal.

Maldição do conhecimento

Quando nos tornamos produtores de conteúdo, é comum nos depararmos com a "maldição do conhecimento", mas não se deixe enganar, esteja sempre atento a isso. Seja simples.

A maldição do conhecimento consiste em você esquecer as dificuldades que enfrentou no início antes de saber o que sabe hoje. Ou seja, por já ter uma visão expert sobre o seu tema e dominar determinada especialidade, você esquece como você era antes de pensar sobre aquilo.

Você estará falando para pessoas que sabem menos do que você, que estão com dificuldades e buscando soluções no seu produto ou serviço.

Você precisa fazer o esforço de simplificar, passar o conhecimento de forma objetiva e clara, em total sintonia com o seu público. Por isso se faz tão importante entender o perfil da sua audiência.

Traduzindo a maldição do conhecimento em outras palavras, as informações que parecem óbvias para você nem sempre serão para a sua audiência, que poderá não compreender o que você está falando.

Lembre-se de que o processo de comunicação é eficaz quando você retém a atenção da sua audiência, do início ao fim.

Na hora de produzir, use Aida!

Aida é um conceito antigo do marketing que não deixamos de aplicar até hoje. Significa:

ATENÇÃO
INTERESSE
DESEJO
AÇÃO

Usar as quatro fases de Aida aumenta as conversões em vendas ou conversões de compartilhamento.

Conversão em venda é quando uma pessoa compra de você. Conversão de compartilhamento é quando alguém interage com você. No Instagram, um usuário interage curtindo, comentando, salvando o *post*, enviando para outras contas, mandando-lhe um *direct*, por exemplo.

Fase 1: Atenção

O objetivo principal desta primeira fase é conquistar a atenção do usuário. Você precisa chamar a atenção do seu seguidor para que ele consuma o seu material.

Todos os dias as pessoas recebem centenas de informações em todos os canais de comunicação. O *feed* do seu seguidor está cheio de postagens e novos *stories* a cada minuto; se você não fizer algo que se destaque visualmente, o seu conteúdo ficará perdido.

Por isso, você deve pensar sempre em cores vibrantes, *headlines* marcantes (títulos fortes), imagens que quebrem o padrão e estimulem a curiosidade para atrair a atenção do seu seguidor.

Fase 2: Interesse

Uma vez que você chamou a atenção do seu seguidor, está na hora de provar para ele que o seu conteúdo é bom e que você o entende.

O seu conteúdo deve despertar o interesse em ser consumido. Você só conquista esse sentimento se conhecer bem a sua audiência e entregar exatamente aquilo que ela procura, que ela precisa.

Seu avatar tem uma dor; quando você entende bem sua dor, consegue envolvê-lo em seu vídeo, em sua postagem, em seus *stories* ou *lives*.

Fase 3: Desejo

Ao conquistar o sentimento no seu seguidor de "eu quero isso para mim", você passou da fase de interesse para a do desejo. Agora ele tomou uma decisão.

Despertar desejo na sua audiência fará com que ela queira comprar o seu produto ou fechar o seu serviço. Fará também com que ela queira assistir mais vídeos, ler mais postagens, assistir a mais *stories* e *lives* seus.

Portanto, você precisa consistentemente despertar desejos nos seus seguidores, em relação à sua marca pessoal ou comercial, ao seu conteúdo, ao seu produto ou serviço.

Fase 4: Ação

Agora que você conquistou o desejo em seu seguidor, está na hora de fazer uma CTA (chamada para ação).

Está na hora de dar o comando para o seu seguidor dizendo qual é o próximo passo.

A sua CTA pode ser direcionada para o fechamento de uma venda ou então para algum tipo de interação.

Exemplos de CTA's:

- Siga o meu Instagram!
- Ative as notificações para receber meu conteúdo!
- Curta essa foto!
- Clique no link da biografia!
- Procure-me no WhatsApp!
- Deixe o seu comentário abaixo!
- Responda à pergunta!
- Compartilhe com os amigos!
- Clique e compre agora!
- Acesse o nosso site!

Aproveite e quebre objeções por meio de conteúdo

É comum vermos pessoas e empresas produzindo o conteúdo certo para os seus seguidores e, ainda assim, terem problemas na hora de vender em seu Instagram. Simplesmente não fecham a venda.

Isso acontece porque os seus seguidores têm objeções naturais na hora de comprar um produto ou serviço. São dúvidas que surgem no momento de decisão da compra. E vender é matar objeções.

Por isso, adicione em sua programação de conteúdo postagens, vídeos, *stories*, *lives*, que quebrem as objeções mais comuns dos seus clientes.

Isso aumentará suas conversões. Quanto mais você educar o seu seguidor por meio de conteúdos, mais ele se tornará seu comprador.

Vamos então conhecer seis objeções clássicas dos consumidores:

1. ISSO NÃO FUNCIONA

Já passou pela sua cabeça na hora de comprar um produto ou serviço a seguinte frase: "Ah! Será que isso funciona mesmo? Acho que não funciona!"?

Essa é uma das objeções mais comuns que as pessoas têm ao se deparar com algo que lhes seja novo.

Você tem o poder de matar essa objeção mostrando que deu certo com você ou com depoimentos e estudos de caso dos seus clientes.

Apresentando depoimentos com diferentes elementos de identificação, você cria na mente do seu consumidor que o seu produto não apenas funciona, como funciona para ele!.

2. NÃO PRECISO DISSO AGORA

"Não preciso disso agora, vou deixar para o próximo mês."

Essa procrastinação que derruba o faturamento do seu negócio pode ser resolvida quando você adiciona urgência ou escassez na mente do seu cliente.

3. NÃO TENHO DINHEIRO

Se o seu cliente está com essa objeção, você precisa analisar dois fatores primeiramente:

a) Seu cliente de fato não tem dinheiro para comprar e não tem nada que possa mudar isso no momento. Neste caso, você precisa reavaliar o seu avatar: atraiu a pessoa errada para o seu negócio!

b) Você não construiu valor suficiente na mente do seu cliente em relação ao produto ou serviço. Ele, na verdade, achou caro ou não está dando prioridade para isso.

Preço e valor são coisas totalmente diferentes. Preço é um número. Valor é a importância que se dá a algo.

Nunca fale das características do seu produto ou serviço. Mas sempre dos benefícios e das soluções que ele traz.

Sendo esse o fator da objeção, você precisa educar mais o seu cliente, produzir mais conteúdos e construir mais valor percebido em relação ao seu negócio.

4. NÃO CONFIO NO VENDEDOR

Essa objeção acontece quando você não se vendeu o bastante para o seu cliente.

Faça-se mais presente na mente da sua audiência e fortaleça cada vez mais o relacionamento com ela.

Fortaleça sua presença digital, sua distribuição de conteúdos de qualidade, seus estudos de caso e os seus elementos de autoridade.

Quando você constrói uma audiência que fala de você ou que o divulga, você eleva a sua autoridade e, junto com o crescimento da sua autoridade, vem a sua credibilidade.

5. NÃO VOU CONSEGUIR IMPLEMENTAR

Quando o seu cliente tem essa objeção, você precisa produzir conteúdo que mostre que o seu produto ou serviço é mais simples do que parece. Deixe claro o uso do seu produto.

Mostrar que outras pessoas que não são expert conseguiram implementar também é uma excelente forma de quebrar essa objeção.

Leve o sentimento para o seu consumidor de que "Se fulano conseguiu, eu também consigo!".

6. E SE EU NÃO GOSTAR?

Essa objeção deixa o seu consumidor paralisado, com medo de fazer um investimento que não o satisfaça. Para acabar com essa objeção, você pode apresentar garantias de devolução.

Assim, o seu consumidor tem a segurança e a oportunidade de testar o seu produto e, caso não goste, de reaver seu dinheiro.

Essas foram seis objeções clássicas de consumidores. Você também precisa identificar as objeções específicas dos seus clientes. Entender o que impede o seu avatar de comprar o seu produto e serviço lhe permitirá matar essas objeções durante a sua produção de conteúdo e a realização da sua oferta.

Com frequência, essas objeções não lhe chegarão de forma fácil, e você precisará trabalhar a comunicação com o seu cliente para descobrir o real motivo de ele não estar comprando de você.

Uma vez que você descobre as objeções, consegue vender muito mais no seu Instagram, na internet ou no mundo físico. Afinal, vender é matar objeções!

8
DISTRIBUIÇÃO DE CONTEÚDO

O INSTAGRAM é a ferramenta perfeita para você distribuir conteúdo e criar relacionamento com os seus seguidores ao mesmo tempo.

Você tem diversos recursos para fazer a distribuição de conteúdo:

- Postagens de fotos;
- Postagens de vídeos;
- Textos em legendas;
- *Stories*;
- *Lives*;
- IGTV;
- *Reels*.

Cada recurso tem a sua peculiaridade e seu formato específico de ser usado. Não adianta querer aproveitar o mesmo vídeo nos *stories*, no *feed* ou no IGTV, por exemplo. Respeite as diferentes modalidades e adapte-se a cada uma delas.

Você terá em sua audiência pessoas que preferem ler textos, outras que gostam de ouvi-lo em vídeos e aquelas que são mais adeptas de ver imagens.

Ao usar formas diferentes de comunicação, você atinge e impacta muito mais a sua audiência, aumentando as suas conversões.

Não deixe nenhum recurso de fora, cada qual traz um impacto positivo diferente para o seu Instagram, em termos de retenção de atenção, de envolvimento e interação dos seguidores e de criação de relacionamento.

Postagens de fotos

O Instagram é uma ferramenta predominantemente visual. As fotos não podem ficar de fora da estratégia de produção de conteúdo.

Lembre-se sempre desta frase: você é o que você compartilha na internet. Pensar em fotos de baixa qualidade está, portanto, fora de questão.

Se suas fotos forem de baixa qualidade, em fundos desorganizados com edições confusas, é assim que a sua audiência irá relacionar a sua marca pessoal ou comercial.

Mas isso não quer dizer que você deve fazer postagens perfeitas. Fotos supereditadas, um *feed* muito organizado, imagens do tipo "capa de revista" também não funcionam no Instagram.

Você precisa de um equilíbrio. Essas fotos perfeitas que mencionei desconectam você da sua audiência. Você se torna algo fora da realidade dos seus seguidores, que não se identificarão com o seu perfil.

Postagens de vídeos

Para que uma marca se destaque hoje no mercado, ela precisa de estratégias de marketing para captar a atenção de novos usuários, criar relacionamento e convertê-los em clientes. Sempre elevando os níveis de satisfação.

Portanto, cair na armadilha da venda sem significado não faz sentido. Cada vez menos os consumidores adquirem algum produto ou serviço por meio de anúncios invasivos e sem contexto. O segredo está em educar e conquistar a sua audiência entregando valor e conexão.

Os vídeos fazem parte do dia a dia das pessoas. Cada vez mais as pessoas consomem conteúdos e informações em vídeos e são impactadas por eles na hora de tomar uma decisão de compra. Fazer postagens de vídeos no seu Instagram para Negócios é, portanto, imprescindível para o seu crescimento.

Este é um dos formatos de conteúdo que mais gera autoridade. Os vídeos humanizam o negócio, criando pontos de conexão com os seguidores e trazendo um ar de credibilidade e confiança para quem os produz.

Ao fazer postagens de vídeos para a sua audiência, preocupe-se com a qualidade visual e sonora. Você não precisa do melhor equipamento do mundo para começar a sua gravação, os *smartphones* atuais já possuem uma resolução incrível de imagem e excelentes microfones, faltando apenas você buscar um lugar calmo para a sua gravação com uma iluminação adequada.

Façamos juntos uma análise de uma boa postagem de vídeo no Instagram, na página seguinte.

Textos em legendas

As legendas em suas postagens não podem ficar de fora. Você tem o espaço ideal para levar conteúdo em texto para a sua audiência e passar a sua mensagem.

Você pode escrever conteúdos, estimular interação com seus seguidores fazendo perguntas, inserir *hashtags* para aumentar a visibilidade da sua publicação e fazer chamadas para ação. As legendas também podem ser usadas como um meio de complementar suas fotos e vídeos.

Além de tudo isso, existem pessoas que preferem ler textos a consumir vídeos, por exemplo. Assim, você consegue entregar a sua mensagem em diversos formatos para todos os gostos.

Use as legendas com estratégias para o seu negócio. Chame atenção e desperte o interesse do seu seguidor com uma linguagem mais persuasiva.

HEADLINE PODEROSA

VOCÊ E O CONTEÚDO
formato quadrado
1:1 ou 9:16

TRANSCRIÇÃO OPCIONAL

LEGENDA COM CTA

jumunhoz
Porto, Portugal — GEOLOCALIZAÇÃO

NUNCA DEIXE DE FAZER STORIES!
FERRAMENTA PODEROSA

que vai te ajudar muito a
crescer a sua autoridade,

Curtido por **flaviamergener** e **outras pessoas**

jumunhoz O story é uma ferramenta incrível para você criar relacionamento com a sua audiência e levar conteúdos de valor!

Assista o vídeo até o final para entender a importância de usar uma ferramenta tão poderosa!

#stories #cursometodox #jumunhoz — HASHTAGS
#instagramparanegocios

Ver todos os 100 comentários

Insira também ao final da legenda as famosas *hashtags*. Mas não use *hashtags* aleatórias, elas precisam ser utilizadas com estratégia ou serão ineficazes.

As *hashtags* devem estar associadas à sua área de mercado, ao seu nicho, à sua marca pessoal ou comercial e ao conteúdo do *post*.

Não caia no mito de que inserir várias *hashtags* fará crescer o seu negócio. Pelo contrário, só atrairá robôs para o seu Instagram, e você poderá entrar em um filtro de spam. Além de poluir a sua postagem e causar rejeição.

Portanto, use as *hashtags* relacionadas à sua marca para reforçar o seu negócio na mente do seu seguidor.

Vou dar um exemplo prático. Ao final das minhas legendas no meu Instagram, sempre insiro: #marketingdigital, que se refere à minha área de mercado; #instagramparanegocios, relativo ao meu nicho; #jumunhoz e #cursometodox, referentes à minha marca pessoal e ao meu treinamento on-line de Instagram para Negócios, o meu produto principal; e uma *hashtag* ligada ao conteúdo da postagem. Se eu tiver falando sobre *stories*, optaria por #stories.

E lembre-se: #hashtagaleatóriatrazpúblicoaleatório. Não funciona!

Stories

Stories são um recurso que de fato deu certo. Contam com milhões de usuários ativos diariamente compartilhando suas histórias que desaparecem após 24 horas.

Com essa ferramenta, você evita excesso de postagens no seu *feed* e pode levar conteúdos e novidades de maneira mais descontraída, comunicando com os seus seguidores e criando maior conexão e proximidade com eles.

Não precisa de formalidades nos *stories*. Apenas sua autenticidade.

Os seus bastidores, produtos e serviços também devem ser compartilhados. Se você tiver mais de 10 mil seguidores em sua conta comercial, há a possibilidade de adicionar links nos *stories*. Aquele famoso "arrasta para cima", que permite direcionar os seguidores para fora do Instagram: seja o seu e-commerce, uma página de vendas, um link de WhatsApp, o seu site ou qualquer outro destino que desejar.

O Instagram também adicionou a opção "destaque" ao recurso, criando categorias no seu perfil nas quais você enquadra determinados *stories*. Isso lhe permite destacar conteúdos mais relevantes, aumentando o número de visualizações e possibilitando que mais pessoas acessem sua informação.

Faça *stories* qualificados no seu Instagram para Negócios. Você deve sempre levar valor e tratar o tempo do seu seguidor com muito respeito. Não faça *stories* apenas por fazer. Use esse recurso para levar informações importantes para os seus seguidores.

Cuidado para não misturar a sua vida pessoal em seu Instagram para Negócios. Isso vale para o uso de qualquer outro recurso.

Criar conexão e proximidade com a sua audiência é fundamental, mas isso não quer dizer que você deve ficar compartilhando assuntos do seu cotidiano. A não ser que isso faça sentido para os seus seguidores.

Por exemplo, no meu Instagram em que falo de marketing digital e Instagram para Negócios, a minha audiência espera de mim exatamente informações sobre isso. Então, se eu compartilho coisas pessoais fora de contexto, como um jantar em família, a minha rotina de exercícios físicos ou partes da minha casa, posso deixar o meu público confuso e entediado.

Agora, seguindo o meu exemplo, faria todo o sentido eu postar *stories* em um evento de marketing digital com amigos da área, ou sobre a minha rotina de produção de conteúdo, ou sobre o meu escritório onde trabalho todos os dias nas gravações dos meus vídeos.

Percebe como é importante criar um contexto com a sua audiência? Quando você estiver gerando o seu conteúdo, sempre se pergunte antes se aquilo que você está falando e mostrando é significante ou faz sentido para o seu negócio e para a sua audiência. Se a resposta for sim, poste tranquilamente.

Use e abuse de gifs, enquetes, testes, perguntas, *emojis* e textos que os *stories* permitem usar. Tudo isso ajudará a reter a atenção dos seus seguidores e fará com que mais pessoas o assistam até o final.

Lives

O "ao vivo" do Instagram é um recurso que permite uma transmissão instantânea por vídeo, no qual os seus seguidores podem comentar e curtir o que você está falando em tempo real.

É um excelente recurso para, simultaneamente, levar conteúdo e criar conexão com os seus seguidores.

Os usuários do Instagram adoram interagir em *lives*, mandando perguntas, dando curtidas, fazendo comentários e respondendo às suas interações. Esse movimento de engajamento é muito forte para criar relacionamento com a sua audiência.

O relacionamento que você cria com seus seguidores durante uma *live* refletirá em todo o seu Instagram.

Essas pessoas irão comentar e curtir suas postagens, mandar *directs*, compartilhar seu conteúdo. O seu engajamento consequentemente cresce.

Além de fortalecer e criar essa conexão, você pode levar diferentes conteúdos, mostrar produtos em tempo real, trocar experiências, criar debates, conversar com os seus seguidores e conhecê-los mais a fundo.

Essa junção de benefícios faz com que a sua autoridade e credibilidade no Instagram sejam construídas de forma mais rápida.

Mas tenha consciência de que esse recurso deve ser usado com estratégia. Se você abrir uma *live* para encher linguiça, sem um objetivo em mente ou algo de valor para entregar para os seus seguidores, não terá nenhum efeito positivo. Pior: as pessoas passarão a ignorar os seus vídeos ao vivo, pois terão consciência de que não haverá nada relevante ali.

Com todos esses benefícios, você não pode deixar as *lives* de fora no seu Instagram para Negócios. Embora pareça desafiador abrir um vídeo ao vivo, não se esqueça de que pessoas se conectam com pessoas. Elas querem vê-lo cada vez mais próximo da realidade, ao vivo mesmo, sem cortes ou edições.

Errou? Passe por cima e continue o seu assunto principal. Imagine como se você estivesse dando uma palestra. Ninguém vai condená-lo por isso.

Portanto, não se preocupe em parecer perfeito durante uma *live*: seja autêntico e entregue o seu melhor.

IGTV

O IGTV foi desenvolvido para você assistir a vídeos da maneira que você usa o seu celular. Os vídeos são verticais e em tela cheia.

De início, quando o Instagram o implementou, foi um recurso que não fez muito sucesso. Mas, com suas adaptações ao longo do tempo, o IGTV vem ganhando cada vez mais força e espaço dentro do aplicativo.

Os vídeos do IGTV não são limitados a 1 minuto, como no *feed* de postagens. Cada vídeo pode durar até 1 hora.

Você pode criar o seu canal do IGTV em seu Instagram para Negócios, assim todos os seus vídeos de IGTV estarão reunidos em um só lugar para os seus seguidores assistirem.

Esse recurso é ideal para a sua produção de conteúdos mais longos. Lembre-se: não existe vídeo longo, existe vídeo chato. Com o IGTV, você tem mais tempo para construir a sua ideia, educar os seus seguidores e falar de um tema com mais especificidade.

Reels

O *reels* é o novo recurso do Instagram que possibilita criar vídeos dinâmicos e mais curtos.

O objetivo desses vídeos é entreter a audiência com um conteúdo mais leve, rápido e divertido, unindo informações com entretenimento.

Para desenvolver a sua criatividade e criar cenas interessantes, eu sugiro que você assista aos reels de outros produtores de conteúdos e, até mesmo, materiais do TikTok, você encontrará muitas inspirações para adaptar ao seu contexto.

Agora, vale entender, que os *reels* não se resumem a cantar músicas, fazer dublagens ou dancinhas, como se vê muito por aí. Use esse recurso de maneira inteligente, fortalecendo o seu posicionamento e agregando valor ao usuário que está te assistindo.

Não fique de fora! O *reels* tem um alcance incrível! Aumentando a visibilidade e o crescimento do seu perfil, quando utilizado com consistência.

Um bônus para você!

Por fim, devo dizer que cada um desses recursos faz a maior diferença na hora de produzir resultados.

São recursos poderosos para você distribuir o seu conteúdo e devem ser usados de forma estratégica em seu Instagram se você quiser crescer e vender mais.

São esses detalhes que mencionei acima que aumentam o alcance do seu conteúdo, a retenção dos seus usuários e, por consequência, as conversões do seu negócio.

Se você quer alavancar os seus resultados usando o Instagram, é preciso conhecer mais sobre a plataforma e os recursos que ela oferece. Faz parte do primeiro passo dessa jornada!

Por isso, preparei um guia completo para você aprender os SEGREDOS POR TRÁS DESSES RECURSOS. Acesse os *Segredos do Instagram* neste link: juliamunhoz.com/checklist

9
CONSISTÊNCIA É A CHAVE

CONSISTÊNCIA é a chave para se obter resultados. Com o marketing de conteúdo e utilizando o Instagram para Negócios, não é diferente.

Não adianta produzir conteúdo dia sim, dia não. Não adianta gravar um *story* a cada três dias ou fazer uma *live* por mês, por exemplo.

Se você não fizer parte da rotina dos seus seguidores e construir diariamente valor percebido em relação ao seu negócio, você será rapidamente esquecido.

Eduque a sua audiência no sentido de que ela sempre poderá contar com você e com a sua geração de valor.

Como quem não é visto não é lembrado, programe-se muito bem para distribuir o seu conteúdo no seu Instagram para Negócios de forma consistente, usando todos os recursos a seu favor.

Para isso, vou lhe dar algumas dicas de planejamento de postagens. Mas essas dicas podem e devem ser estendidas e adaptadas para outras formas de distribuição de conteúdo em seu Instagram, como *stories*, *lives* e IGTV.

Então vamos lá!

1. DEFINA QUANTAS POSTAGENS VOCÊ QUER FAZER POR DIA NO SEU INSTAGRAM PARA NEGÓCIOS.
Fazer postagens diárias é imprescindível para fazer crescer o seu Instagram e para que você se torne relevante para a sua audiência e para a plataforma.

Ficar sem postar é quebrar a evolução do seu engajamento e atrasa os seus resultados. Mas também não adianta você postar qualquer coisa somente para preencher espaço.

Portanto, defina quantas postagens você quer fazer por dia no seu Instagram e, assim, saberá quantas postagens precisará produzir por mês.

2. SEPARE O NÚMERO DE POSTAGENS EM FOTOS E VÍDEOS A SEREM DISTRIBUÍDOS POR MÊS.
Ao definir quantos *posts* você fará por mês, estabeleça quantos deles serão distribuídos em formato de fotos e quantos serão distribuídos em formato de vídeos.

Assim, você saberá quantas postagens de fotos você deverá editar e quantos vídeos deverá gravar e produzir no mês.

3. ESTABELEÇA UMA QUANTIDADE DE TEMPO PARA VOCÊ PRODUZIR CONTEÚDO POR SEMANA.
De acordo com a sua rotina, estabeleça um tempo médio diário ou então separe um número de dias na sua semana para se dedicar a produzir conteúdo para o seu Instagram e cumpra essa meta.

Quando vou gravar vídeos para o meu Instagram, separo os temas previamente e estabeleço um dia da semana apenas para a gravação.

Faça de acordo com o seu dia a dia, de forma que você possa cumprir a sua meta semanal.

4. PROGRAME SUAS POSTAGENS EM UM SITE DE PUBLICAÇÃO AUTOMÁTICA.

Existem sites permitidos pelo Instagram que auxiliam a manter a consistência no seu trabalho. São sites de programação de postagens.

Você insere a postagem que pretende veicular no seu Instagram e define o dia e o horário para que ele seja publicado automaticamente.

Falarei mais sobre essas ferramentas úteis em um capítulo específico.

Siga, portanto, esses quatro passos para conseguir se planejar em relação às suas postagens do Instagram.

Não se esqueça de se planejar também para distribuir os conteúdos nos outros formatos, que são essenciais para o crescimento do seu negócio e do seu Instagram.

Quem não é visto no Instagram, não é lembrado no Instagram. Seja presente para os seus seguidores e eles estarão presentes no seu negócio e no seu faturamento.

O que realmente o está impedindo?

Você já teve o sentimento de não dispor de conteúdo suficiente para passar às pessoas? De não saber o bastante para ensinar outros? Ou de que o que você está fazendo é uma farsa?

Esse é um sentimento comum com que nos deparamos ao produzir conteúdo e é mais normal do que se imagina.

O que ocorre é que, muitas vezes, as pessoas não acreditam na própria competência e pensam não merecer o sucesso.

Mas eu já lhe adianto que você é bastante capaz. Que tem muito conteúdo e conhecimento para passar adiante. Você tem a sua história e, por ter enfrentado altos e baixos, tira aprendizados dela. Tem também o conhecimento sobre o seu produto ou serviço, sobre a especialidade da sua área.

O seu negócio ajuda pessoas. Você, como um produtor de conteúdo, passando o seu conhecimento e ajudando mais pessoas em seu processo de compras, estará fazendo algo muito positivo no mundo.

Então, toda vez que sentir não ter conteúdo ou que ele não é bom o bastante, vá e faça. Abra uma *live*, grave um vídeo, faça uma postagem, ajude um cliente, efetue uma venda. A ação irá ajudá-lo a anular esse sentimento. A resposta da sua audiência será um estímulo para você continuar.

Quando me sinto paralisada em relação a isso, não fico pensando muito, vou e executo uma dessas ações. E, na mesma hora, o sentimento passa.

Quando compartilho esse sentimento e converso com outras pessoas sobre as dificuldades da jornada, isso também ajuda, pois sei que não estou sozinha e não sou uma exceção.

Portanto, não tenha medo de se abrir com outros empreendedores; conhecer os bastidores de outras pessoas também é muito importante para familiarizar-se com o processo como um todo.

Evite comparações. Você só deve se comparar com você mesmo. Deve buscar ser cada vez melhor seguindo o seu processo de evolução. No seu tempo e nos seus limites. Não compare seus bastidores com o palco de ninguém. E nunca se esqueça...

✪ ... O SEU CONTEÚDO TRANSFORMA!

10

ENGAJAMENTO NO INSTAGRAM: COMO TER UMA AUDIÊNCIA QUE INTERAGE?

CULTIVAR relacionamento com os seus potenciais clientes e com os seus clientes faz toda a diferença para o seu negócio.

O relacionamento irá gerar uma fidelidade maior entre você e o seu cliente. Ele irá diferenciá-lo da concorrência.

Pessoas só compram de quem confiam. E você só confia em quem conhece. O processo de vendas, portanto, tem como pilares a construção de confiança e a conectividade.

Quando você cria relacionamento com os seus seguidores, naturalmente constrói um laço de confiança. Além disso, o seu engajamento também cresce no Instagram. Afinal, as pessoas irão curtir, comentar, compartilhar, interagir no seu perfil, porque estão mais próximas e ligadas a você.

Essa interação ou engajamento é essencial para você aumentar visibilidade do seu conteúdo e ganhar alcance nas suas postagens.

Então, além de aumentar as conversões do seu negócio por si só, a construção de relacionamento com o seu público fará com que o seu Instagram cresça mais rápido e ganhe mais visibilidade, resultando, consequentemente, em mais vendas. Você entra no que eu chamo de círculo de ouro no Instagram.

Criei esse termo porque ele representa real crescimento para o seu negócio, uma vez que você embarca nesse círculo. Quanto mais energia você deposita nele, mais resultados você adquire para o seu Instagram e para o seu negócio.

Quero que você visualize:

O CÍRCULO DE OURO

INTERAÇÃO → RELEVÂNCIA → ALCANCE → VISIBILIDADE → CRESCIMENTO ORGÂNICO → INTERAÇÃO

Primeiro passo: mais interação e mais engajamento

Engajamento no Instagram diz respeito à interação dos seus seguidores com você. Existem várias formas de interagir, como:

- Curtir uma postagem;
- Comentar uma postagem;
- Compartilhar;
- Salvar um *post*;
- Mandar um *direct*;

- Compartilhar por *direct*;
- Assistir a um vídeo;
- Mandar comentários e curtidas durante uma *live*;
- Buscar o seu perfil;
- Visitar o perfil;
- Fazer uma marcação de foto.

Todas essas ações são de engajamento. Você pode perceber que este não se resume a curtidas e comentários, abrangendo qualquer tipo de ação relativa a seu conteúdo.

É muito importante que você estimule a sua audiência a interagir com você. Mas isso demanda tempo e consistência. Afinal, ninguém constrói relacionamento com ninguém da noite para o dia. Não se esqueça de que os seus seguidores são pessoas e não apenas contas criadas no Instagram.

Aqui vão alguns caminhos que irão ajudá-lo a construir relacionamento com os seus seguidores no Instagram.

Conteúdo e engajamento

Falar de construção de engajamento no Instagram também está ligado à sua produção de conteúdo.

Se você não conhecer bem os seus seguidores e postar conteúdos que não lhes despertem interesse ou que não abordem suas dores e dificuldades, dificilmente eles irão se conectar com você.

Você precisa gerar o sentimento de "Uau, este *post* foi feito para mim, ele entende mais do meu problema do que eu mesmo". Assim, o seu seguidor se sentirá amparado, conectado e pronto para iniciar uma interação com você.

Quanto mais você se relacionar e conversar com os seus seguidores, mais você também os conhecerá, o que lhe renderá novas ideias para conteúdos ainda mais assertivos.

A minha dica é: torne-se o melhor amigo da sua audiência. Seja a pessoa que a compreende e que lhe dá os melhores conselhos.

Conexão a partir da sua identidade

Promova a sua identificação no Instagram para gerar mais relacionamento com os seus seguidores e fazer crescer o seu engajamento.

Por isso é fundamental haver um "rosto por trás" de um perfil, sempre presente em *stories*, *vídeos*, *lives*, fotos, de modo a criar cada vez mais familiaridade para quem o vê.

Ao promover a sua identidade, contar histórias e compartilhar experiências de vida com emoção – desde que façam sentido para os seus seguidores –, você cria uma aproximação muito maior e mais calorosa.

Quanto mais os seus seguidores se sentem próximos e conectados com você, mais eles irão se tornar seus fãs, divulgá-lo, interagir com você e defender a sua marca.

Mas isso só funciona se você for autêntico. Não adianta querer criar um personagem no seu negócio que não esteja alinhado à sua essência. A longo prazo, isso se torna insustentável.

Cuidado para não ficar compartilhando a sua vida pessoal em seu Instagram para Negócios; lembre-se de que tudo o que postar deve fazer sentido para as pessoas que o acompanham. Sempre é preciso criar um contexto para a sua audiência não ficar confusa.

Satisfaça o seu cliente

Dentro de um processo de vendas, ao fazer a oferta do seu produto ou serviço, você deve alinhar muito bem as expectativas do seu cliente para que ele saiba exatamente o que está comprando.

O nível de satisfação do seu consumidor tem relação direta com o que você entrega. Afinal:

- Quanto mais o cliente espera de você, do seu produto ou serviço e menos ele recebe, ele se torna um cliente insatisfeito. Provavelmente ele irá propagá-lo de forma negativa, um boca a boca às avessas;

- Quando o cliente espera e você corresponde à sua expectativa entregando aquilo que ele tinha em mente, ele se torna um cliente satisfeito;
- Quanto menos o cliente espera e mais você entrega, ele se torna supersatisfeito! Ele o divulgará positivamente para outras pessoas, fazendo todo o seu marketing pelo boca a boca.

Portanto, ter a satisfação do seu cliente é fundamental para você cultivar relacionamento com ele.

Ele cuidará da divulgação da sua marca e impactará outras pessoas com sua experiência positiva.

Quanto mais satisfeito você deixar os seus seguidores com a sua marca, com o seu conteúdo, com as suas postagens e com o seu produto e serviço, mais fã ele se tornará.

Isso fará com que ele interaja mais no seu perfil, curtindo, comentando, compartilhando, mandando mensagens, aumentando, assim, o seu engajamento.

Traga a propaganda boca a boca também para o mundo on-line!

😃 EXPECTATIVA < ENTREGA

🙂 EXPECTATIVA = ENTREGA

☹️ EXPECTATIVA > ENTREGA

Responda à sua audiência

Se a ideia é aumentar a interação na sua página, você deve se preocupar em responder aos seus seguidores.

Ninguém gosta de falar sozinho. E é exatamente isso que acontece quando você não responde aos seus comentários ou *directs*. Assim, você deixa os seus seguidores mais próximos sem estímulo para interagir com você.

Ao virar um produtor de conteúdo, você irá atrair pessoas com muitas dúvidas e objeções. Elas irão precisar da sua atenção, assim como você precisa da atenção delas.

Portanto, é preciso planejar-se para responder às pessoas em seu Instagram.

Normalmente aquela pessoa que manda um *direct* ou um comentário está mais próxima de você. Afinal, no meio de tantas postagens, ela dedicou tempo e parou para mandar uma mensagem para você!

Com o tempo e com uma produção consistente de conteúdo, você perceberá, pelos comentários e *directs*, que as pessoas irão lhe enviar depoimentos, perguntas, agradecimentos, dúvidas em relação ao seu produto ou serviço.

Tudo isso é muito importante para você aumentar a prova social do seu negócio, quebrar objeções e fechar mais vendas com aqueles clientes que querem comprar de você, mas algo ainda os está impedindo. Além, claro, de isso fortalecer o relacionamento com a sua audiência.

Nunca se esqueça de que, por trás de números e perfis, existem pessoas. Portanto, preocupe-se genuinamente com elas, dê-lhes a importância devida!

Gatilho mental da reciprocidade

Gatilhos mentais são estímulos enviados ao nosso cérebro que influenciam diretamente a nossa tomada de decisão.

Ao saber estimular certos gatilhos em seu negócio, você aumenta os seus resultados e vendas por se comunicar de forma mais persuasiva.

Um dos gatilhos mais poderosos é o da reciprocidade.

Ele pode ser traduzido com "é dando que se recebe".

Também se encaixa naquela frase "gentileza gera gentileza" que você provavelmente já viu em alguma traseira de caminhão. Particularmente, gosto e acredito muito no poder desta frase.

Está em nosso instinto gerar um sentimento de obrigação em nós mesmos quando alguém nos ajuda ou faz algo legal naturalmente. Temos vontade de retribuir.

Ao se tornar um produtor de conteúdo, agregando valor na vida dos seus seguidores e da sua audiência, você dispara o gatilho da reciprocidade.

A sua audiência se sente grata pelo conteúdo distribuído e, de alguma forma, em dívida com você. Ela "paga" interagindo, compartilhando, mandando-lhe um depoimento. Tudo isso de forma espontânea.

Da mesma forma, você aciona a reciprocidade quando é atencioso e gentil em seu Instagram. Seus seguidores retribuirão sua gentileza e cuidado.

Mas não adianta querer usar o gatilho da reciprocidade para cobrar favores. Não funciona assim. Ele funciona de forma genuína.

Portanto, ao usar o gatilho da reciprocidade com a sua audiência entregando o seu melhor conteúdo, gerando valor e cuidando do relacionamento, você estará cultivando esse relacionamento de volta.

Mais alcance, visibilidade e crescimento orgânico

Você viu diversas formas de construir e nutrir um relacionamento com a sua audiência no Instagram e com os seus clientes.

A partir do momento em que esse laço é criado, há mais interação no seu Instagram para Negócios e, assim, você ganha o que chamamos de relevância.

Dito isso, você deve trabalhar cada vez mais para se tornar relevante para a sua audiência e para o Instagram.

Quando você se torna relevante para a sua audiência, suas postagens ganham mais alcance. Isso significa que o seu conteúdo chegará para mais pessoas e contas do aplicativo.

Você aparecerá no topo do *feed* dos seus seguidores. Quando isso acontece, você passa a ser muito mais visto pela sua audiência. Logo, o seu conteúdo é mais consumido e você será lembrado com uma frequência maior, tornando-se cada vez mais familiar.

Com o aumento da sua visibilidade, você conquista autoridade mais rápido. Quanto mais o seu conteúdo é consumido e o seu negócio é compreendido, mais as pessoas compram. Assim, suas vendas crescem naturalmente no Instagram.

Outra consequência será a propagação do seu perfil pelos seus próprios seguidores, que irão divulgá-lo e compartilhá-lo cada vez mais. É o boca a boca virtual, gerando um crescimento orgânico da sua conta (crescimento natural sem investimento).

Esse é o primeiro ponto. Agora pense comigo. Coloque-se na posição de dono do Instagram.

Você quer cada vez mais pessoas consumindo a sua rede social, passando mais tempo nela e tendo uma experiência mais qualificada.

Se você identifica um perfil que:

- posta com consistência bons conteúdos;
- usa as ferramentas do Instagram – *stories*, *lives*, vídeos, IGTV, *hashtags* etc. – da maneira certa;
- cria relacionamento e se importa com os seguidores;
- mantém a ferramenta aquecida com alto nível de interação;
- faz postagens com alta qualidade todos os dias;

não fica com vontade de apresentar esse perfil para novos usuários que se interessam pelo tema?

É exatamente isso que acontece. Quando você se torna relevante para o próprio Instagram, ele o presenteia com o CRESCIMENTO ORGÂNICO. Você ganha seguidores qualificados sem precisar investir dinheiro. Pois a ferramenta irá espalhar o seu conteúdo de forma que mais contas passam a conhecê-lo por meio do algoritmo.

O crescimento orgânico é decisivo no seu marketing. Afinal, é o seu crescimento natural por meio de algoritmos, por meio da propaganda vinda da sua própria audiência e por meio de mecanismos de busca.

Ele demanda tempo de construção. Em termos financeiros, é um investimento barato para o seu negócio e muito poderoso.

Uma vez que você é encontrado com frequência por novos usuários organicamente, sua marca pessoal ou comercial passa a ter cada vez mais força.

11

COMO CONQUISTAR MAIS SEGUIDORES NO INSTAGRAM

COMO conseguir mais seguidores no Instagram? Essa é uma das perguntas mais frequentes que eu recebo.

De fato, é imprescindível que o seu negócio e o seu Instagram cresçam. De que adianta você ser o melhor profissional na sua área se não tiver pessoas que o acompanhem? Ou ainda: de que adianta você ter os melhores produto, serviço e atendimento sem saber conquistar novos clientes?

Porém, sempre faço a seguinte pergunta de volta: você está pronto para receber novos seguidores no seu Instagram?

Essa provocação serve para você perceber que, assim como é essencial conquistar novos seguidores, também é necessário definir e conhecer quem você quer atrair ao seu Instagram e ao seu negócio, produzir conteúdo consistente na sua página e se relacionar com os seguidores que já o acompanham – antes mesmo de querer fazer isso em uma proporção maior.

Ou seja, é preciso seguir todos os cinco passos de que falamos nesta obra. Um não funciona sem o outro.

Entender, atrair, produzir, engajar, multiplicar.

Com a minha experiência, ao longo desses anos de Instagram, já vi muitas pessoas reclamando de que não fazem conteúdos porque têm poucos seguidores. Que estão desestimuladas e deixam de lado seus perfis por não ter uma grande audiência. Ou até mesmo que não gravam vídeos e não fazem *lives* porque poucas pessoas assistem.

Há um grande equívoco nesses pensamentos. Ter uma multidão de pessoas que o seguem faz parte de um processo.

Tirando as celebridades, os artistas e as grandes marcas que já possuem notoriedade, todo perfil do Instagram que hoje é grande começou com zero seguidor.

Não apenas com zero seguidor, mas também com poucas pessoas assistindo aos seus *stories*, vendo os seus conteúdos e criando interação.

Essa é a ordem natural. Mais uma vez, conquistar seguidores no Instagram faz parte de um PROCESSO. Você precisa pôr muita mão na massa para conquistá-los. Afinal, seguidores não caem do céu e de paraquedas na sua página.

Mas o pensamento, diante de tudo o que vimos, deve ser justamente o contrário: vou produzir cada vez mais conteúdos para atrair cada vez mais pessoas ao meu Instagram.

Ou então: vou gravar cada vez mais vídeos e fazer cada vez mais *lives* para conquistar novos usuários, educar mais pessoas e criar relacionamento com quem está me assistindo.

Entendo a ansiedade em querer conquistar um número maior de seguidores. Mas não se esqueça de que seguidores são pessoas e não apenas números. Não deixe os números da vaidade o cegarem e fazê-lo esquecer o que realmente é importante no seu Instagram e no seu negócio.

Também é evidente que o número de seguidores traz um forte gatilho mental nos clientes e usuários no Instagram: o gatilho mental da prova social.

É o típico caso de quando você chega a uma cidade nova e há dois restaurantes à sua frente: um cheio e com fila e outro com poucos clientes. Qual você tende a achar que é o melhor? Claro que aquele que tem fila, pelo movimento de pessoas que o estão validando.

Obviamente, não significa que o restaurante de pouco movimento tem a comida inferior em relação ao outro, mas é normal que o nosso cérebro pense que, pelo fato de muitas pessoas terem tomado a decisão de escolher o restaurante cheio, este tende a ser melhor.

Isso também acontece na internet. Quando você vê vídeos com alto número de visualizações, postagens com muitos comentários e curtidas, ou um perfil do Instagram com diversos seguidores, você acredita que ali tem um conteúdo bom.

Esse gatilho mental da prova social ajuda a fortalecer a sua credibilidade e quebrar objeções do tipo "não confio no vendedor" ou "esse produto não funciona".

Porém, ele só funciona de forma íntegra. Não adianta você procurar atalhos de compras de seguidores ou cair no erro de atrair milhares de seguidores que não têm nada a ver com o seu negócio pelo único intuito de conquistar números! Isso é um grande tiro no pé e falarei mais detalhadamente a respeito no próximo capítulo.

Ter um elevado número de seguidores vai muito além de produzir prova social sobre o seu negócio. Resume-se em conquistar pessoas, potenciais clientes, educar os seus consumidores por meio de conteúdos, transformá-los em propagadores da sua marca.

Existem algumas maneiras de se aumentar o número de seguidores de forma íntegra e qualificada:

- Crescimento orgânico;
- Tráfego pago;
- Marketing de influência.

É muito importante cumprir os passos do círculo de ouro para que possa atingir o crescimento orgânico do seu perfil, e também investir em outras estratégias de crescimento para ganhar velocidade e qualidade na construção da sua audiência.

Crescimento orgânico

Tudo o que falamos até agora fará com que o crescimento orgânico do seu Instagram seja construído.

O crescimento orgânico é um impulso que ocorre no seu Instagram quando usuários passam a encontrá-lo naturalmente.

Você ganha crescimento orgânico por meio de:

- Mecanismos de busca;
- Compartilhamentos;
- Distribuição da sua conta por meio do algoritmo do Instagram;
- *Hashtags*;
- Geolocalização.

Aqui, não falamos de nenhuma forma paga de crescimento. É exatamente o oposto. O crescimento orgânico é gerado sem investimento financeiro.

Então, quando os usuários o encontram no Instagram por meio de mecanismos de busca, seja dentro da plataforma ou fora – por exemplo, no Google –, você cresce organicamente.

Bem como quando uma pessoa o encontra no "Popular" ou "Explorar" do Instagram, que são formas de distribuição de interesses por meio do algoritmo.

As *hashtags* e a geolocalização também permitem que novos usuários que estejam navegando nesses recursos o encontrem e passem a segui-lo. Essa é uma forma de ser visto organicamente.

Quando a sua conta é compartilhada pela sua audiência e novos usuários passam a conhecê-lo e a segui-lo por conta disso, também podemos dizer que você ganhou um crescimento orgânico.

Portanto, quanto mais relevante você se tornar para o Instagram e para os seus seguidores, mais pessoas irão encontrá-lo organicamente e o seu Instagram crescerá sem o impulsionamento de um tráfego pago.

O segredo está em distribuir muito conteúdo de qualidade por meio do seu Instagram, criando relacionamento com a sua audiência, gerando engajamento no seu perfil e se tornando cada vez mais relevante para os usuários e para o Instagram.

⭐ OU SEJA, FAZENDO PARTE DO CÍRCULO DE OURO.

Devo lhe dizer que estimular o crescimento orgânico do seu perfil no Instagram é determinante para o crescimento do seu negócio. Uma vez que você o engata, as coisas fluem muito mais no seu perfil e nas suas conversões.

Mas esse crescimento leva tempo para ter consistência. É uma construção a longo prazo, que demanda muita produção. Não estamos falando de um sprint. Mas de uma maratona.

O ideal é que você se concentre no crescimento orgânico do seu Instagram e, ao mesmo tempo, estimule as outras formas de crescimento. Assim, você ganha velocidade e conquista mais lucratividade no seu negócio.

Tráfego pago

Tráfego pago no marketing digital é a estratégia para divulgar a sua marca, o seu produto ou serviço para mais pessoas a partir de investimento em campanhas e anúncios.

Você paga para o seu anúncio aparecer, de forma segmentada, para o seu público-alvo e seu avatar, atraindo pessoas que façam sentido para o seu negócio.

Quando falamos de tráfego pago no Instagram, estamos falando dos famosos anúncios que, gradualmente, vêm ganhando mais espaço na plataforma e aparecem em formato "patrocinado".

Esses anúncios são distribuídos em formato de postagens de *feed* e também por meio dos *stories*. Você pode escolher onde quer anunciar.

Porém, fazer tráfego pago no Instagram para atrair novos seguidores e gerar mais vendas não se resume apenas a apertar o botão "Promover" que aparece abaixo das suas fotos publicadas.

Pelo contrário, fazer tráfego pago exige um plano de definição de metas, de investimento, de segmentação de público e de criação de anúncios de forma estratégica. Ou então você só perderá dinheiro. Mas não é um bicho de sete cabeças, calma!

A vantagem do tráfego pago é que você conquista resultados imediatos ao fazer o investimento em sua campanha e pôr o anúncio para rodar. É possível conquistar grandes resultados conforme o investimento.

Você também tem o controle da situação: determina quem irá receber o seu anúncio, quanto irá gastar, qual anúncio deseja manter em circulação e qual deseja suspender etc.

A desvantagem é que, a partir do momento em que para de pôr dinheiro no anúncio, os resultados somem. Diferentemente do tráfego orgânico: uma vez que você publica o seu conteúdo no Instagram e na internet, aquele conteúdo poderá gerar resultados enquanto estiver no ar.

Outra vantagem do tráfego orgânico é que você atrai pessoas mais segmentadas e que estão buscando pelo seu assunto na internet. São pessoas mais direcionadas para o seu negócio.

Com o tráfego pago, você consegue atingir mais pessoas, e isso é incrível para conquistar resultados significativos e mais conversões de uma só vez. Mas, se você não fizer uma segmentação qualificada, acabará atraindo pessoas aleatórias para o seu negócio, gerando perda de tempo e de dinheiro, uma vez que as pessoas erradas não irão comprar de você, nem interagir com você.

A minha sugestão é nunca deixar de lado o crescimento orgânico do seu negócio, pois isso fará com que você se mantenha a longo prazo, independentemente de fluxo de investimento em campanhas de anúncios.

E que, ao mesmo tempo, você se programe no investimento do seu negócio em relação a tráfego pago, ganhando velocidade e conquistando mais pessoas e conversões para o seu negócio de forma planejada e estratégica.

As duas estratégias são essenciais para o crescimento do seu negócio e do seu Instagram, caminhando sempre juntas e sem exclusão.

Marketing de influência

Você decerto já ouviu falar no termo influenciador digital, mencionado, inclusive, no início deste livro. Mas vamos recapitular.

Influenciador digital é aquela pessoa que tem uma grande influência sobre sua audiência construída on-line.

Com a evolução da internet e das redes sociais, e também com as mudanças em relação ao consumo de informações e de produtos, os influenciadores digitais surgiram e ganharam muita força no mercado.

Um influenciador digital é capaz de impactar o comportamento, a decisão e a opinião de milhares de pessoas por meio do conteúdo que distribui e do relacionamento construído com a sua audiência.

Já se falava em influenciadores digitais nas épocas de fotologs, blogs e Orkut. Porém, hoje, com os diversos canais de comunicação, o crescimento dos influenciadores digitais se dá cada vez com mais força no Instagram, no Facebook, no Twitter, no Youtube e no Snapchat, por exemplo.

Os *digital influencers* normalmente têm um nicho de atuação e isso instiga as marcas a contratá-los. Vou dar alguns exemplos.

Gabriela Pugliesi (@gabrielapugliesi), hoje com mais de 4 milhões de seguidores, se destacou no Instagram compartilhando um estilo de vida saudável e sua rotina fitness. Criou a sua tribo, #geraçãopugliesi.

Whindersson Nunes (@whinderssonnunes) é outro exemplo que despontou não só no Youtube com seus milhões de inscritos, mas também no Instagram, compartilhando conteúdos de humor para a sua audiência.

Thássia Naves (@thassianaves) é uma grande *influencer* no mundo da moda e já conquistou mais de 3 milhões de seguidores no Instagram. Sua influência percorre o Brasil e o mundo, impactando a decisão de compra de milhares de pessoas. Hoje, é uma das blogueiras mais influentes do segmento.

O @maquiagemx é outro exemplo de influência digital. Se você não conhece, esse foi o meu primeiro perfil no Instagram, com o qual conquistei mais de 8 milhões de seguidores, distribuindo conteúdos de maquiagem em forma de dicas e tutoriais. Milhares de pessoas compartilham diariamente conteúdo do mesmo segmento usando a hashtag #maquiagemx. Hoje o @maquiagemx é o maior Instagram de maquiagem do Brasil.

O meu segundo perfil foi o @penteadosx, seguindo a mesma linha, com o qual conquistei 2 milhões de seguidores compartilhando conteúdos referentes a cabelos e penteados.

Existem diversos influenciadores para cada nicho de atuação: moda, vida saudável, desenvolvimento pessoal, empreendedorismo, motivação, maquiagem, *high fashion* e por aí vai.

Por falarem para uma audiência segmentada, os influenciadores digitais seduzem marcas e empresas não somente pelo número de seguidores.

Por meio deles, as publicidades são mais assertivas, diferentemente do que falamos no início do livro sobre publicidades de televisão e *outdoors* que aparecem para uma audiência generalizada.

Eles fazem também com que as campanhas tenham mais engajamento do que as campanhas tradicionais. Afinal, o influenciador digital constrói relacionamento com a sua audiência, e seus seguidores se sentem muito próximos dele. Uma indicação ganha muita força com esse laço construído.

Ou seja, trabalhar com o marketing de influência para o seu Instagram e para o seu negócio é uma excelente maneira de conquistar novos seguidores.

Quando você contrata um influenciador digital para fazer uma propaganda sua, ele estará mostrando o seu perfil para a audiência dele, fazendo com que esta possa se interessar pelo seu conteúdo e passar a segui-lo.

É uma forma de você ser visto e ser encontrado por novas pessoas. Mas só faz sentido se você contratar um influenciador digital que tenha um segmento e público compatíveis com o seu negócio. Repito: não tente vender hambúrguer para vegetarianos, você só perderá tempo e dinheiro.

Mas como os influenciadores trabalham no Instagram?

Os influenciadores digitais vendem publicidade no Instagram, conhecida como *publipost*. Ou seja, você paga pela indicação do seu perfil, produto ou serviço em troca de uma postagem no *feed* ou no *story*.

Um valor de *publipost* pode variar muito de influenciador para outro. Existem alguns que cobram R$ 100,00 em uma postagem e outros que cobram R$ 100.000,00. Quanto mais seguidores, engajamento e influência a pessoa tiver, mais ela poderá cobrar.

Portanto, pesquise os influenciadores do seu nicho e os valores que estão cobrando para que você possa programar as suas campanhas e o seu investimento.

Enviar *directs* para os influenciadores não é o melhor caminho para contatá-los, embora alguns respondam. Dependendo do perfil, o volume de mensagens pode ser muito grande.

Normalmente, você consegue entrar em contato com o influenciador por meio de um e-mail ou telefone destinados a assuntos publicitários que ele informa em sua conta comercial do Instagram.

Antes de contratar um *publipost*, a minha sugestão é que você acompanhe o influenciador por um tempo e analise o relacionamento dele com a audiência. Pedir as informações do perfil e as referentes ao engajamento também o ajudará a analisar a melhor opção para o seu negócio.

Conclusão

Delimitar com clareza um conjunto de estratégias é essencial para o crescimento do seu perfil e do seu negócio. Você deve entrar no ciclo de ouro para fazer crescer o seu Instagram organicamente, sem deixar de apostar nas demais estratégias, para ganhar velocidade na produção de resultados.

Não espere conquistar um mar de seguidores no Instagram do dia para noite. É preciso respeitar o processo de crescimento e seguir todos os passos com estratégias.

# 12

OS SETE GRANDES ERROS QUE VOCÊ DEVE EVITAR NO SEU INSTAGRAM PARA NEGÓCIOS

COMO falei no início do livro, o grande erro das pessoas e empresas que usam Instagram para Negócios é achar que basta criar uma conta comercial e encher de fotos de produtos ou serviços.

Você já percebeu que fazer marketing e vender no Instagram vai muito além disso e envolve planejamento e produção de conteúdo. Mas vale a pena.

Ao fortalecer sua marca pessoal ou comercial e manter relacionamento com a sua audiência, você tem em mãos uma influência poderosa para usar a favor do seu negócio.

Neste capítulo, a minha proposta é mostrar os erros mais comuns cometidos por usuários do Instagram para Negócios a fim de que você não caia nessas armadilhas.

Esses erros o tiram do jogo e o afastam dos resultados. Fique atento!

1. COMPRAR SEGUIDORES

No capítulo anterior, falei sobre o gatilho mental da prova social e como ele impacta o usuário a tomar uma decisão.

Porém, o gatilho mental da prova social só funciona se for construído de forma íntegra. Comprar seguidores a fim de supostamente desencadear esse gatilho não traz o mesmo resultado e põe a sua credibilidade em xeque.

Além disso, o que muitos não sabem é que, ao encher o perfil de contas-fantasmas que não interagem (afinal, não há nenhuma pessoa real manuseando aquela conta comprada), você acaba matando a relevância do seu perfil.

Vamos com calma a um exemplo.

Imagina que a loja X possuía 5 mil seguidores reais em seu perfil e decidiu comprar outros 10 mil. Ela passa a ter, então, um montante de 15 mil seguidores.

Agora, quando a loja X fizer suas postagens no Instagram, poucas pessoas reais receberão o seu conteúdo. Suas postagens serão entregues, em sua maioria, para contas-fantasmas.

Seguidores comprados não curtem, não compartilham, não comentam, não salvam postagens, não fazem absolutamente nada. São contas vazias. São fantasmas. Não há interação humana ali.

A loja X, agora, tem um engajamento marcadamente desproporcional em relação ao seu número de seguidores. E o algoritmo do Instagram passará a considerar a loja X uma conta com pouca relevância. O círculo de ouro não vai acontecer.

Então, além de arriscar a credibilidade com a audiência e correr o risco de ter a conta excluída por violar as diretrizes do Instagram, a pessoa que opta por esse caminho acaba destruindo sua relevância no aplicativo.

Para contornar essa situação e seguir o crescimento do círculo de ouro, a loja X terá que se esforçar para conquistar seguidores reais, de forma que aqueles 10 mil seguidores comprados se tornem irrelevantes perto do montante de seguidores reais e engajados.

2. COMPRAR CURTIDAS E COMENTÁRIOS

A mesma linha de pensamento vale para curtidas e comentários. Você deve conquistá-los. Comprar *likes* e comentários automatizados não irá ajudá-lo a vender mais ou a fazer crescer o seu Instagram.

O seu objetivo no Instagram deve ser potencializar o seu negócio, aumentar a sua lucratividade, ganhar autoridade e expansão de marca. Não foque em números de vaidade. Conquiste genuinamente a atenção e o interesse dos seus seguidores e construa uma audiência qualificada.

3. USAR ROBÔS

Você já deve ter ouvido falar de ferramentas que começam a seguir perfis automaticamente e depois param de seguir.

Essas ferramentas são utilizadas para conquistar alguns seguidores por meio de uma interação automática. Ou então para curtir, comentar e enviar *directs* automatizados.

Agora, o que muitos não sabem é que fazer isso põe a sua conta em risco e você pode ter o seu perfil deletado para sempre.

Não é incomum isso acontecer, já vi perfis que perderam suas contas e não conseguiram recuperá-las, por se tratar de uma violação de regra.

O Instagram, com a finalidade de manter as interações reais e humanas e preservar a integridade do aplicativo, a cada dia que passa, tem deletado contas que usam esse tipo de ferramenta.

Além desse risco, tenho percebido como os clientes e usuários no Instagram estão cansados desse tipo de ação vindo de empresas. As pessoas perdem interesse e credibilidade quando se deparam com um perfil profissional fazendo isso.

Então, além de arriscar a manutenção da sua conta usando ferramentas de automação, você também põe em risco a sua credibilidade diante dos usuários e o seu relacionamento com os seus seguidores.

Por fim, volto a ressaltar que isso não é estratégia de crescimento, muito menos fazer marketing. Conquistar audiência e clientes não é se basear na estratégia de seguir um perfil e parar de segui-lo somente para chamar sua atenção, muito menos curtir, comentar e enviar *directs* de forma automática a fim de criar relacionamento ou ofertar o seu produto ou serviço.

Não cometa esse erro. Conquiste seus seguidores com estratégias reais de crescimento.

4. EXCESSO DE PROPAGANDA

Transformar seu Instagram em um catálogo de produtos ou serviços é cair na mesmice e no erro mais comum das empresas.

A produção de valor para o seu cliente vem antes de querer fechar uma venda. Lembre-se do marketing de três passos: atrair, relacionar e vender. Não produzir conteúdos transformadores para o seu cliente ideal reduz drasticamente o seu potencial de resultados.

Não tem como você se destacar no Instagram sendo mais uma conta que só posta vendas, bombardeando o seu seguidor com promoções e propagandas. A não ser que o seu diferencial se torne o seu baixo preço. E isso acaba com a lucratividade do seu negócio. Não é por esse motivo que você deve se destacar.

Afinal, quem compra por preço, vai embora por preço. Não há fidelidade quando esse é o único motivo para se fechar um negócio.

Pense sempre no Instagram como uma rede de relacionamento: não funciona como uma panfletagem virtual. Se você quer resultados no seu negócio a partir dessa mídia social, deve começar o quanto antes a pôr a mão na massa e produzir conteúdo de valor.

Encontre o equilíbrio durante a divulgação do seu conteúdo e a venda dos seus produtos e serviços. Faça a venda de uma forma que soe leve para a sua audiência. Uma vez que você constrói valor suficiente na sua página, os clientes é que passam a procurá-lo, e não mais o contrário.

5. NÃO SAIR DO DEGRAU GENERALISTA DA PIRÂMIDE DA AUTORIDADE

Mais uma vez, aproveito para ressaltar a importância de você escolher o seu nicho e o seu cliente ideal para que não caia no erro de ficar atuando de forma generalista no seu Instagram para Negócios.

Esse continua sendo um dos erros mais comuns no Instagram. A ideia de marketing de nicho é bem simples: para atender às necessidades do seu cliente, da sua audiência, é necessário entendê-los muito bem, e para isso, você precisa de um público bem específico. Assim, pode eliminar dúvidas, objeções, e produzir conteúdos qualificados.

Tentar conquistar todos os seguidores para o seu negócio faz com que você não conquiste ninguém.

6. NÃO MANTER AS PESQUISAS EM RELAÇÃO AO CLIENTE IDEAL E À AUDIÊNCIA

Nunca se acomode quando o assunto é conhecer o seu avatar e a sua audiência.

Quanto mais focar em conhecer as dificuldades, objeções, sonhos, dores e incômodos do seu cliente ideal, mais você conseguirá vender e se comunicar de forma assertiva.

Não caia no erro de achar que o seu cliente não tem dúvidas e dificuldades em relação ao seu negócio, por mais simples que este pareça ser.

Uma mulher não compra uma peça de roupa simplesmente por comprar. Uma pessoa não troca de celular apenas porque um novo modelo foi lançado.

Toda decisão de compra é fundada em algum motivo. Descubra os motivos dos seus clientes ideais em desejarem o seu produto ou serviço.

Foque cada vez mais em conhecê-los para que possa produzir o conteúdo certo para eles.

Faça perguntas por meio de *stories* e *lives*. Sente com o seu cliente e tenha uma conversa durante um cafezinho.

Aprofunde o seu conhecimento em relação ao seu avatar e à sua audiência. Isso fará com que o seu Instagram e o seu negócio caminhem na direção certa.

7. NÃO INVESTIR NA DIVULGAÇÃO DO INSTAGRAM

Se você não buscar formas diversas de aparecer para os seus potenciais clientes, dificilmente conquistará uma grande audiência.

Você precisa ser encontrado. O seu conteúdo deve ser distribuído e divulgado para além dos seguidores que você já possui.

Portanto, não deixe de investir no seu Instagram para Negócios. É um equívoco achar que não precisa gastar algum dinheiro para conquistar mais resultados. Minha sugestão é que você se programe financeiramente para que possa investir em estratégias de divulgação de forma que não dependa apenas do crescimento orgânico.

Crescer organicamente é essencial para se manter a longo prazo. É poder de audiência e propagação. Porém, trata-se de um caminho que também depende de fatores externos. Ao combinar crescimento orgânico com estratégias pagas de divulgação, você tem uma evolução muito mais veloz.

É preciso cuidar antes de investir dinheiro em publicidade, sempre medindo o retorno do seu investimento para ver se ele é positivo para o seu negócio.

13

NOVE APLICATIVOS E FERRAMENTAS ÚTEIS

VOCÊ não precisa ser a pessoa mais criativa do mundo, ser especialista em edições de fotos ou vídeos, para fazer boas postagens no seu Instagram. Só precisa ter acesso às ferramentas corretas.

Neste capítulo, irei apresentar alguns aplicativos e ferramentas que poderão ajudá-lo em sua jornada.

Teste cada um deles e veja qual funciona melhor para você!

Spark Post

Esse é um aplicativo gratuito, criado pela Adobe, muito simples para quem não domina ferramentas avançadas de edição de fotos.

É ideal para montar artes, inserir textos em imagens, criar *layouts*. Ele já disponibiliza *templates* com formatos específicos para o *feed* e para os *stories*, por exemplo.

Você não precisa de muita criatividade para mexer com o Spark Post: ele já traz muitas coisas prontas para você remixar.

É um dos aplicativos que eu mais uso para fazer as minhas fotos no Instagram devido à simplicidade e à facilidade que ele oferece para os usuários.

Canva

Este é outro aplicativo gratuito e de fácil acesso para editar fotos divertidas para o Instagram.

São centenas de estilos para você remixar e transformar suas postagens no Instagram.

Tem a mesma facilidade do Spark Post, então, é uma questão de preferência escolher qual usar. Portanto, teste!

InShot

Este é direcionado para edição de fotos e vídeos. Eu o utilizo exclusivamente para editar vídeos.

Com o seu vídeo gravado, você pode adicionar filtros, textos, títulos, músicas e fazer cortes com facilidade no InShot.

Outra vantagem é que o InShot posiciona o seu vídeo no formato que você desejar: de *feed*, de *story*, de IGTV.

Adobe Premiere

É uma ferramenta mais avançada para editar vídeos, devendo ser utilizado no computador.

É com o Adobe Premiere que faço os meus vídeos com legendas. Porém, é necessário ter técnica com o programa.

iMovie

Outra opção para edição de vídeos mais avançada é o iMovie do MAC.

Você consegue fazer cortes, correções de imagens, adicionar textos, legendas, músicas e vídeos.

Esse programa também tem uma complexidade maior em relação aos outros aplicativos, exigindo pesquisa e prática para usá-lo da melhor forma.

BigVu

Ótimo aplicativo para quem está começando a gravar vídeos de conteúdo e ainda fica um pouco confuso na hora de gravar ou se perde na própria fala.

Ele funciona como um teleprompter em seu celular. Ou seja, exibe o texto a ser lido durante a gravação do seu vídeo, para que você saiba exatamente o que falar em frente à câmera.

Mas é preciso cuidado para não ficar tão dependente da leitura e, assim, comprometer a naturalidade dos seus vídeos.

Não tem problema algum em optar por essa ajuda extra na hora da gravação, mas procure não levar a tensão para o seu vídeo. Relaxe!

Clipomatic

O Clipomatic é um excelente aplicativo para vídeos. Ele ajuda muito na hora de inserir legendas nos vídeos.

O aplicativo permite que você grave o seu vídeo e, de forma automática, já adicione as legendas nele.

Transformando toda a sua fala em texto, o Clipomatic facilita muito a sua vida na hora de legendar. E, caso você identifique algum erro de transcrição, pode editá-lo e corrigi-lo facilmente.

Você pode usá-lo tanto para os vídeos do *feed* quanto para os do IGTV, ou até mesmo para *stories*.

Estúdio de Criação

Agora o Instagram permite que você agende publicações sem contratar nenhum serviço externo, e de forma gratuita.

O recurso está disponível para os criadores de conteúdo no Estúdio de Criação, que funciona de forma integrada ao Facebook.

É possível programar postagens no Instagram com fotos e vídeos no *feed* ou então vídeos para o IGTV. Basta fazer o upload do seu conteúdo e agendar o dia e o horário desejados para ter a sua postagem publicada.

Para usar essa ferramenta, basta possuir uma conta comercial vinculada a uma página do Facebook e acessar: business.facebook.com/creatorstudio.

Mojo App

Uma ótima opção para você trabalhar com *stories* animados, de maneira prática e descomplicada, é o aplicativo Mojo.

Nele, você tem acesso a diferentes *templates* e *layouts* prontos para criar *stories* personalizados e dinâmicos.

O aplicativo é gratuito, mas também possui a sua versão paga com mais variações de *layouts*.

14

SUA JORNADA APENAS COMEÇOU: "FAÇA DAR CERTO ATÉ DAR CERTO"

CHEGAMOS ao fim desta obra, mas sua jornada apenas começou.

Devo dizer que, a cada dia que passa, fico mais maravilhada com o poder do marketing e das redes sociais, que são capazes de mudar totalmente a direção dos nossos negócios, fazer girar uma economia e transformar mais vidas.

Você viu ao longo da leitura que não basta apenas a força de vontade para atingir bons resultados na internet e no Instagram: você precisa de um plano, de uma estratégia e de muita produção.

A partir de agora, você tem conhecimento e conteúdo para construir o seu negócio a partir do Instagram ou potencializá-lo com essa mídia tão poderosa. Não deixe esse desejo esfriar.

Aumentar a sua lucratividade, conquistar novos clientes e dominar a sua área de mercado é algo cada vez mais passível de se tornar uma realidade.

Chegou a sua hora de executar e construir o seu sonho!

Espero sinceramente que este livro tenha sido uma grande experiência para abrir sua mente quanto ao marketing digital e ao Instagram, dando-lhe novas ideias e ferramentas para conquistar o seu objetivo, com um olhar mais estratégico e sob uma nova perspectiva.

Caso tenha alguma dúvida ou queira deixar a sua opinião em relação ao meu livro, você pode me contatar pelo e-mail julia@juliamunhoz.com. Ficarei muito feliz em receber o seu *feedback* e respondê-lo pessoalmente.

Obrigada por ter escolhido a minha obra. Meus sinceros agradecimentos.

Desejo a você todo o sucesso!

Com carinho,

Júlia Munhoz

Este livro foi composto em Neutra Text e Wingdings,
e impresso em papel offset 90g

DVS EDITORA

www.dvseditora.com.br